괜찮아,
내 인생의 주인공은
나니까

괜찮아, 내 인생의 주인공은 나니까

초판 1쇄 발행 2018년 11월 30일
초판 6쇄 발행 2023년 7월 10일

지은이 | 백수연
일러스트 | 이주윤

펴낸곳 | 보랏빛소
펴낸이 | 김철원
기획·편집 | 김이슬
마케팅·홍보 | 이운섭
디자인 | color of dream

출판신고 | 2014년 11월 26일 제2015-000327호
주소 | 서울시 마포구 포은로 81-1 에스빌딩 201호
대표전화·팩시밀리 | 070-8668-8802 (F) 02-323-8803
이메일 | boracow8800@gmail.com

괜찮아,
내 인생의 주인공은
나니까

백수연 지음

보랏비소
Borabit 之 Cow

청소년 헌장

청소년은 자기 삶의 주인이다.

청소년은 인격체로서 존중을 받을 권리와 시민으로서 미래를 열어갈 권리를 가진다.
청소년은 스스로 생각하고 선택하여 활동하는 삶의 주체로서 자율과 참여와 기회를 누린다.
청소년은 생명의 가치를 존중하며, 정의로운 공동체의 성원으로 책임 있는 삶을 살아간다.
가정, 학교, 사회 그리고 국가는 위의 정신에 따라 청소년의 인간다운 삶을 보장하고 청소년 스스로 행복을 가꾸며 살아갈 수 있도록 여건과 환경을 조성한다.

청소년의 권리

1. 청소년은 생존에 필요한 기본적인 영양, 주거, 의료, 교육 등을 보장받아 정신적, 신체적으로 균형 있게 성장할 권리를 가진다.
2. 청소년은 출신, 성별, 종교, 학력, 연령, 지역 등의 차이와 신체적, 정신적 장애 등을 이유로 차별받지 않을 권리를 가진다.
3. 청소년은 물리적인 폭력뿐만 아니라 공포와 억압을 포함하는 정신적 폭력으로부터 보호받을 권리를 가진다.
4. 청소년은 사적인 삶의 영역을 침해받지 않을 권리를 가진다.
5. 청소년은 자신의 생각과 느낌을 자유롭게 펼칠 권리를 가진다.
6. 청소년은 자유로운 의사에 따라 건전한 모임을 만들고, 올바른 신념에 따라 활동할 권리를 가진다.
7. 청소년은 배움을 통해 진리를 추구하고 자아를 실현해갈 권리를 가진다.
8. 청소년은 일할 권리와 직업을 선택할 권리를 가진다.
9. 청소년은 여가를 누릴 권리를 가진다.

'청소년 헌장'이 편지 아니? 청소년 헌장은 사회 구성원으로서 미래 사회를 이끌어나갈 청소년들의 권리와 책임을 담은 것으로, 한국에서 처음 제정된 헌장이야. 내 삶의 주인으로서 나는 어떤 권리와 책임을 갖고 있는지 기억해두기!

10. 청소년은 건전하고 다양한 문화, 예술 활동에 자유롭게 참여할 권리를 가진다.

11. 청소년은 다양한 매체를 통하여 자신의 삶에 필요할 정보에 접근할 권리를 가진다.

12. 청소년은 자신의 삶과 관련된 정책 결정 과정에 민주적 절차에 따라 참여할 권리를 가진다.

청소년의 책임

1. 청소년은 자신의 삶을 소중히 여기며, 자신이 선택한 삶에 책임을 진다.

2. 청소년은 앞 세대가 물려준 지혜를 시대에 맞게 되살려 다음 세대에 물려줄 책임이 있다.

3. 청소년은 가정, 학교, 사회, 국가, 인류공동체의 성원으로서 자기와 다른 삶의 방식도 존중할 줄 알아야 한다.

4. 청소년은 삶의 터전인 자연을 소중히 여기고, 모든 생명들과 더불어 살아간다.

5. 청소년은 통일 시대의 주역으로서 평화롭게 공존하는 방법을 익힌다.

6. 청소년은 남녀평등의 가치를 배우고, 이를 모든 생활에서 실천한다.

7. 청소년은 가정에서 책임을 다하며, 조화롭고 평등한 가족관계를 만들어간다.

8. 청소년은 서로에게 정신적, 신체적 폭력을 행사하지 않는다.

9. 청소년은 장애인을 비롯한 소외받기 쉬운 사람들과 더불어 살아간다.

추천의 글

....

이 시대를 살아가는 청소년들에게 필요한 단 한 가지 능력을 꼽으라면 단연코 '셀프 리더십'이다. 셀프 리더는 자기 분야의 리더로 발돋움하기 위해 자존심 대신 자존감으로 무장, 넘어져도 좌절하지 않고 일어서는 회복탄력성을 지니고 있다. 나아가 셀프 리더는 자기 주도적으로 창의성을 발휘하되 다른 사람과의 협업을 통해 부단히 전문가로 성장하는 미래 사회의 인재다. 셀프 리더가 되고 싶은 청소년은 물론 미래 사회의 셀프 리더 육성에 관심 있는 모든 사람들에게 이 책은 참고서를 넘어 필독서가 될 것으로 믿어 의심치 않는다.

— 유영만 지식생태학자, 한양대학교 교수, 《공부는 망치다》 저자

....

제4차 산업혁명 시대는 수학, 언어 등 시험으로 측정 가능한 전문지식과 같은 '하드스킬(hard skill)'보다는 인간관계 기술, 리더십, 소통과 협업, 회복탄력성 등과 같은 '소프트스킬(soft skill)'을 더욱 요구한다. 10여 년을 청소년과 함께 해온 꿈쌤 백수연 저자는 21세기 핵심역량을 셀프 리더십이라는 그릇에 담아 사례와 경험 중심으로 쉽고 진솔하게 풀어내고 있다. 방황하는 10대에게는 '현재'를, 이들을 부둥켜안고 있는 부모님들에게는 지나온 '과거'에 응답하는 지침서가 되어줄 것이다.

— 이광호 한국청소년활동진흥원 이사장

....

언제나 청소년과 함께 그들의 멋지고 소중한 꿈을 응원하는 청소년지도사, 꿈쌤 백수연 작가의 또 하나의 도전과 뜨거운 열정에 박수를 보낸다. 이 책은 청소년들이 반짝반짝 빛나는 꿈을 찾을 수 있도록 돕는 자아개발의 훌륭한 나침반이 될 것이다.

— 유명규 한국청소년수련시설협회 회장, 화성시청소년수련관 관장

....

책을 읽는 내내 '만약 이 책을 나의 청소년 시절에 만났다면 어땠을까'라는 생각이 떠나지 않았다. 그렇다면 주변의 말에 너무 휩쓸려 다니지 않았을 텐데, 그랬다면 내 인생의 주인공으로서의 선택을 좀 더 빨리 할 수 있었을 텐데. 뭘 어떻게해야 할지 막막했던 과거의 나처럼, 앞날의 걱정으로 가득한 청소년들이 꼭 읽었으면 하는 바람이다. 무엇보다 청소년들을 곁에서 응원해줘야 하는 부모와 교사그리고 어른들이 읽었으면 더더욱 좋겠다. '셀프 리더십'이라는 주제를 이토록 따뜻하면서도 실질적으로 풀어낸 책이 또 있을까 싶을 정도로 감탄이 일어난다. 독자 모두가 내 삶을 스스로 이끌어가는 힘을 얻을 수 있을 것이다.

— **원은정** 한국청소년센터 대표, 《영화가 나에게 하는 질문들》 저자

청소년 전문가이자 두 아이의 엄마로, 10년이 넘는 시간 동안 한결같이 길을 찾는 청소년의 손을 잡아준 백수연 작가의 메시지는 이 땅의 청소년이 무엇 때문에아픈지, 무엇으로 성장하는지 속속들이 파헤친 사랑과 감동의 백서다. 부모에게는 청소년 자녀의 멘토링 지침서가 될 것이고, 길을 찾는 청소년에게는 진짜 나로살게 하는 셀프 리더의 삶을 가슴 뜨겁게 안내해줄 것이다. 나만의 길을 찾아 도약하기 원하는 이 땅의 청소년들이 꼭 만나야 할 필독서로 이 책을 추천한다.

— **권영애** 한국버츄프로젝트 이사, 《그 아이만의 단 한 사람》 저자

나는 내 인생의 주인공입니다

열일곱 살, 난생처음 반에서 '꼴등'이라는 성적표를 받아본 나는 눈앞이 캄캄했다.

'에이, 내가 꼴등이라고? 설마, 이건 실수일 거야.'

중학교 때 중상위권의 성적을 유지했던 나는 현실을 부정했다. 하지만 그다음 시험에도 나는 어김없이 반에서 꼴등을 했다.

사실 당연한 결과였다. 고등학생이 된 후 나는 학교, 학원, 집을 오가며 반복되는 무의미한 일상 속에서 일탈을 꿈꿨다. 꿈은커녕 특별하게 하고 싶은 것도 없었고, 점점 공부에 대한 흥미도 떨어지면서 자연스럽게 성적은 바닥을 향했다. 그저 친구들과 어울려 놀고만 싶었다. 그렇게 고등학교 1, 2학년 시기에 방황을 하며 하루하루를 무의미하게 흘려보냈다. 당시 나의 자존감은 이미 바닥이었고, 내 인생에 대해 스스로 고민하거나 생각할 여유가 없었다. '꼴찌'라는 꼬리표는 나를 자꾸만 넘어지게 만들었고, 남들의 시선과 기준을 의식하다 보니 어느새 내 인생의 주인은 내가 아니었다.

방황과 좌절의 연속이었던 10대의 끝자락 열아홉 살, 우연히 내 삶에 대해 처음으로 진지하게 고민을 하게 되었다.

'만약 나에게 하고 싶은 일을 할 수 있는 기회가 생긴다면 나는 무엇을 할까?'

이 물음에 쉽게 대답할 수 없었다. 문득 나 자신에게 미안한 생각이 들었다. 더 이상 내 인생을 놓치고 싶지 않았다. 그때 나는 깨달았다. 그 누구도 내 인생을 대신 살아주지 않는다는 것을 말이다.

고등학교 시절을 무의미하게 흘려보낸 것에 대한 후회와 아쉬움은 나로 하여금 청소년들에게 꿈과 희망을 주는 사람이 되고 싶다는 꿈을 꾸게 했다. 자존감도 바닥이었고 미래에 대한 특별한 꿈도, 비전도 없었던 내가 어떻게 나의 인생을 지킬 수 있었을까?

'청소년은 자기 삶의 주인이다'라는 청소년 헌장의 첫 구절처럼 여러분은 자기 삶의 주인으로 살아갈 권리와 책임이 있다. 하지만 현실은 어떠한가? 입시 위주의 교육 현실 속에서 나의 권리와 책임을 생각할 겨를도 없이 대학 진학이라는 획일화된 틀 안에서 중요한 것을 잊고 모두가 똑같은 길을 향해 걸어가고 있지는 않은가? 어른이 되면, 대학만 가면 모든 것이 다 해결될 것 같다는 기대는 그저 허상일 뿐이다. 세상은 생각보다 만만치 않다. 내 인생은 내가 스스로 책임지고 지켜야 한다.

돌이켜보면 지금의 내가 있기까지 내게 큰 힘이 되어준 구절이 있다.

"가는 곳마다 주인이 되어 처신하고, 서 있는 곳마다 참되게 최선을 다하여라."

나의 좌우명이자, 어릴 적 우리 집 가훈이다. 아버지께서 독립운동가 도산 안창호 선생의 '주인 정신'을 바탕으로 만든 가훈이다. 아버지는 항상 가훈을 강조하시면서 "내 삶에 주인 의식을 갖고 주체적으로 살라"고 말씀하셨다. 사실 청소년기에는 이 말이 크게 와 닿지 않았다. 하지만 언제부터인가 내가 지치고 흔들릴 때마다 이 문장은 나를 지탱해주는 힘이 되었다.

언젠가 아버지와 가훈에 대한 이야기를 나눈 적이 있다.

"우리 집 가훈을 정하신 특별한 이유가 있으세요?"

"그야, 우리 딸이 행복해지기를 바라서지."

"네? 제가 행복해지를 바라서요? 그게 주인 의식이랑 무슨 상관이 있나요?"

"아빠랑 엄마가 너에게 바라는 건 딱 한 가지야. 우리 딸이 건강하고 행복하게 살아가는 것. 행복하게 살아가기 위해서는 내 삶의 참된 주인이 될 수 있어야 해. 참된 주인이라면 어디에서 무엇을 하든, 어떤 상황 속에서든 스스로의 삶을 결정하고 책임질 수 있어야 한단다. 그래야 주체적으로 당당하게 내 삶을 살아갈 수 있고, 행복해질 수 있지."

내 삶의 참된 주인이란 바로 내 인생을 스스로 이끌어가는 사람, 즉 '셀프 리더'를 말한다. 남에게 이끌려가는 수동적인 삶이 아니라 나의 의지대로 자신의 삶을 주도할 때 진정한 행복을 느끼면서 내 인생의 주인으로서 살아갈 수 있다. 그 권리를 스스로 지키기 위해서는 주인 의식을 길러야 한다. 나는 이 주인 의식을 다른 말로 '셀프 리더십'이라고 표현한다.

셀프 리더십은 자신을 아끼고 사랑하며 나답게 살 수 있도록 '나를 지키는 힘'이다. 지금 우리에게 절실한 것은 누군가의 기대에 부응하기 위한 삶이 아닌, 누구에게도 증명할 필요가 없는 나 자신, 바로 내 인생의 '셀프 리더'가 되는 것이다.

이 책은 셀프 리더십에 대한 딱딱한 이론서가 아니다. 내 삶의 주인으로서 당당하게 셀프 리더로 살아가는 청소년들의 실제 사례와 현장에서 10년 넘게 청소년들을 만나며 청소년 리더십 교육을 직접 진행해온 필자의 경험과 신념이 살아 숨 쉬는 책이다. 무엇보다 사랑하는 나의 두 딸 채윤, 채원이와 이 땅의 청소년들이 자기 삶의 참된 주인으로서 행복한 인생을 살아가기를 바라는 마음으로 진심을 담아 이 책을 썼다.

과연 어떻게 하면 내 삶의 참된 주인으로서 셀프 리더십을 지닌 셀프 리더로 성장할 수 있을까? 셀프 리더십은 특별한 기술이 아니라 '내면의 힘'이다. 특별하게 무엇을 잘하지 않아도 된다. 다만 어떤 환경 속에서도 자신을 스스로 이끌며 지킬 수 있는 단단한 내면의 힘을 키워야 한다. 지금부터 꿈쌤이 들려주는 셀프 리더가 되기 위한 자존감, 창의성, 자기 주도성, 회복 탄력성, 협업 등 다섯 가지 키워드를 내 마음속에 저장해두자.

자신의 권리와 책임을 다하며, 자기 주도적으로 삶을 이끌 수 있다면 누구나 내 삶의 주인공이 될 수 있다. 여러분은 충분히 그럴 자격이 있고, 이미 잘하고 있다. 더 이상 남의 눈치 보지 말고, 쫄지 말자. 그 누구도 아닌 나 자신을 한번 믿어보자. 그리고 당당하게 외쳐보자.

"누가 뭐래도 내 인생의 주인공은 나야, 나!"

10대의 끝자락에서 보이지 않는 미래를 막막해하며 방황하던 열일곱 살의 나와 닮은 여러분을 따뜻하게 안아주며 이렇게 말해주고 싶다.

여러분은 존재만으로도 충분히 빛나고 소중하다고.

2018년 꿈이 빛나는 날에 꿈쌤 백수연 Dream

차례

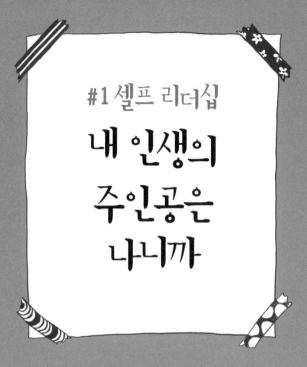

#1 셀프 리더십

내 인생의
주인공은
나니까

"세상을 움직이려면 먼저 나 자신을 움직여야 한다."
-소크라테스

꿈쌤
수빈아, 뭐 해?

 수빈
쌤, 저 영어 학원가요!

 꿈쌤
그래? 그거 끝나면?

 수빈
그다음에는 수학 학원이요!

 꿈쌤
흐엑, 학원을 몇 개나 다니는 거야?

 수빈
5개?

 꿈쌤
아이고, 너무 힘들겠다.
이렇게 열심히 하는데.
수빈이는 꿈이 뭐야?

 수빈
엄마는 안정적인 공무원
이나 선생님이 되라고
하시는데. 글쎄요.

 꿈쌤
아니. 엄마의 꿈 말고 수빈이의
꿈이 뭐냐고.

 수빈
제 꿈이요? 음. 일단 그냥 좋은
대학이나 갔으면 좋겠어요.

 꿈쌤
ㅠㅠ

   SMS/MMS   OK

• "한국에서 가장 이해하기 힘든 것은 교육이 정반대로 가고 있다는 것이다. 한국 학생들은 하루 10시간 이상을 학교와 학원에서 자신들이 살아갈 미래에 필요하지 않은 지식을 배우기 위해, 그리고 존재하지도 않는 직업을 위해 아까운 시간을 허비하고 있다. 아침 일찍 시작해 밤늦게 끝나는 지금 한국의 교육 제도는 산업화 시대의 인력을 만들어내기 위한 것이다."

세계적인 미래학자 앨빈 토플러가 우리나라를 방문했을 때 한국 교육에 대해 뼈아픈 일침을 가했다. 앨빈 토플러는 "한국 경제가 새로운 성장 동력을 찾기 위해서는 미래 세대를 가르치는 방법을 바꿔나가야 한다"고 덧붙였다.

세상은 '4차 산업혁명 시대'를 향해 빠르게 변화하고 있다. 지금 세계적으로 모든 분야에서 4차 산업혁명에 대한 관심이 크다. 특히 교육 분야에서도 발 빠르게 여기저기서 4차 산업혁명 시대에 대비한 교육과 다양한 인재상을 내놓기 바쁘다.

2016년 다보스포럼(세계경제포럼)이 발표한 〈4차 산업혁명에 따른 일자리 변화 전망 보고서〉에 따르면 "올해 초등학교 입학생의 65%는 현재 존재하지 않는 새로운 분야의 직종에서 일하게 될 것"이라고 한다. 하지만 정작 그 시대를 살아갈 대한민국 청소년들은 과거 산업화 시대에나 필요할 법한 교육 시스템 속에서 살아가고 있다니, 참 아이러니한 상황이다.

4차 산업혁명 시대가 올 거라고 세상이 떠들썩해도 정작 그 시대를 살아갈 청소년들에게는 어렵게만 느껴진다. 오히려 부담으로 다가와 진로에 대한 고민은 점점 더 깊어지고 있다. 예나 지금이나 크게 달라진 것 없는 교육 현실 속에 도대체 어쩌라는 건지, 대한민국 청소년으로 살아가기 참 힘들다.

앞으로 10년 뒤 세상은 더 빠르게 변화할 것이다. 이제껏 훌륭한 직업으로 단연 손꼽히던 의사나 판사도 10년 뒤를 장담하지 못한다. 감성적인 인간 의사는 오히려 인공지능 의사의 보조적 역할에 머물고, 법 조항에 근거해 판결을 내리는 판사도 어쩌면 인간보다 인공지능이 훨씬 정확할지 모른다. 이제는 무작정 공부만 잘한다고, 좋은 대학에만 간다고 성공하는 시대는 지났다. "야호!"라고 기뻐해야 할까? 아니면 "그동안 열심히 수능 준비를 한 것이 아깝네"라며 아쉬워해야 할까?

시대가 어떻게 변하든지, 교육 현실이 어떻든지 여러분이 놓치지 말아야 할 중요한 것이 있다. 세상이 원하는 리더의 공통점은 변함 없다는 사실이다!

꿈 앞에 나이는 아무 상관없다

"췌장이 뭔지도 모르던 십대가 의학계에서 기적을 일으켰다고?"

2012년 과학계는 의학계의 난제인 췌장암의 생존율을 극적으로 높일 방법을 개발한 미국의 한 10대 소년에게 집중되었다. 그는 바로 열여섯 살에 최초로 췌장암 조기 진단 키트를 개발한 청소년 과학자 잭 안드라카다. 잭 안드라카는 열세 살 때 가족과도 같았던 아저씨가 췌장암 진단을 받고 갑자기 세상을 떠나자 큰 슬픔에 빠졌다. 그러다 아저씨를 죽음으로 몰아넣은 췌장암의 정체를 파헤치기 위해 자료를 찾기 시작했다. 그제야 비로소 췌장이 우리 몸의 어느 부위에 있는 장기인지 알게 되었고, 얼마나 많은 사람이 췌장암으로 고통받고 있는지도 알게 되었다. 그는 인터넷으로 조사를 하던 중 췌장암은 85% 이상이 말기에 발견되고, 생존 확률은 2%밖에 되지 않는다는 사실을 알게 되었다. 또한 췌장암 진단 키트가 80만 원 정도로 비싸고, 성공 확률도 30%이며, 결과가 나오기까지 열네 시간이나 걸린다는 사실도 알게 되었다.

'도대체 췌장암의 조기 진단율은 왜 이렇게 낮을까?', '왜 60년 전에 개발된 췌장암 진단 기술을 아직까지 쓰고 있는 걸까?'라는 물음에 사로잡힌 그는 이런 부분을 획기적으로 개선할 진단 키트를 만들기로 결심했다. 인터넷을 통해 꾸준히 질문을 던지며 답을 구해나간 그는 4,000번의 시도, 199번의 좌절에도 포기하지 않았다. 그의 단순한 호기심은 무모하고도 집요한 열정으로 이어져 마침내 열다섯 살의 어린 나이에 췌장암 조기 진단법 '옴 미터(OHM METER)'를 개발하기에 이르렀다.

잭 안드라카가 개발한 옴 미터는 기존의 진단법보다 168배 빠르고, 2만 6,000배나 저렴하며, 거의 100퍼센트에 달하는 정확도를 보인다. 그는 암 생존율이 계속해서 높아지는 이 시대에 거의 유일하게 생존율이 2%에도 미치지 못했던 췌장암의 치료에 기적을 일으킨 공로를 인정받아 2012년 세계 최대 규모의 과학 경진 대회 ISEF에서 최고의 영예인 '고든 무어 상'을 수상했다. 이 놀라운 성과를 얻기까지 그에게 필요했던 것은 '중학생 수준의 과학 지식'과 '인터넷을 통해 찾은 정보', 그리고 '포기하지 않는 끈질긴 노력'이다.

안드라카는 많은 사람에게 자신의 비결을 이렇게 말한다.

"저는 컴퓨터, 스마트폰, 그리고 약간의 인터넷 검색만으로 새로운 발견을 했어요. 여러분이라고 위대한 발명이나 치료법 개발의 주인공이 여러분이 되지 말란 법은 없잖아요?"

스스로 목표를 설정하고, 디지털을 활용해 정보를 탐색하고, 창의적인 아이디어를 통해 문제를 해결해낸 잭 안드라카의 모습을 보면서 여러분은 무엇을 느끼는가?

잭 안드라카도 여러분과 같은 청소년이었다. 다만 그는 자신의 인생을 누군가에게 의존하고 맡기는 것이 아니라 자기 주도적으로 이끌어나갔다. 여러분도 자신의 관심 분야에 호기심을 갖고 파고든다면 인터넷 정보만으로 충분히 세상을 바꿀 아이디어를 얻을 수 있고, 자신만의 정보를 새롭게 만들어낼 수 있다. 진정 필요한 것은 자신의 잠재력을 깨달을 용기다.

내 삶의 주인, 셀프 리더

과거 산업화 시대에도, 우리가 살아가고 있는 현재에도, 앞으로 다가올 미래에도 시대를 막론하고 변함없는 사실은, 이 시대는 다양한 환경 속에서도 삶을 자기 주도적으로 이끌어가는 '셀프 리더'를 원한다는 것이다. '셀프 리더'란 말 그대로 스스로 결정하고 통제하며 자신의 삶을 주도하는 사람을 말한다.

시대의 특성에 따라 습득하는 방식이나 요구하는 스킬은 달라질지라도 스스로 삶을 이끌어가는 사람이 언제 어디서든지 빛난다는 사실은 변함없는 진리다. 특히 여러분이 이끌어갈 4차 산업혁명 시대에는 새로운 환경이나 문제에 당면했을 때 자기 주도적으로 노력하여 문제를 해결하는 능력이 요구된다. 단순히 지식을 암기하고 문제 풀기에만 집중하기보다는 '어떤 가치를 가지고 인생을 살아갈 것인가'를 고민하며, 문제를 스스로 해결해나가고 자기 주도적으로 삶을 이끌어나갈 수 있는 힘 말이다. 가장 중요한 것은 내 삶의 주인이 되어 나답게 살아가는 것이다.

입시 위주의 교육 현실 속에 내 의지와 상관없이 그저 남들이 가는 길을 따라가며 나의 소중한 청소년기를 흘려보내고 있는 것은 아닌지 한번 돌아보자. 언제까지 교육 현실만 탓하면서 불평불만으로 나의 소중한 10대를 흘려보낼 수는 없지 않는가! 환경이 바뀌기를 기다리기 전에 여러분 스스로 대비하고 준비하며 자기 자신을 지킬 수 있도록 삶에 대해 진지하게 고민해야 한다. 눈앞에 성큼 다가온 4차 산업혁명 시대를 더 이상 두려워할 필요 없다.

지금 나에게 가장 중요한 것이 무엇인지 생각해보자. 어디서부터 시작해야 할지 막막해하는 여러분을 위해 각 꼭지마다 꿈쌤이 제안하는 'Self Action Plan' 미션을 준비했다. 미션을 하나씩 따라가며 실천해보자. 이 책의 마지막 장을 넘길 때 즈음이면 분명 첫 장을 넘길 때보다 더 똑 부러지고 단단한 여러분이 되어 있으리라 확신한다. 속는 셈 치고 꿈쌤을 믿고 따라가보자.

자, 내 인생의 주인공이 될 준비가 되었는가? 그렇다면 출발!

Self Action Plan. 현재 나의 모습 체크하기

나는 지금 자기 주도적으로 살아가고 있나요?
혹시 나의 10대를 무의미하게 흘려보내고 있지는 않나요?
현재 나의 모습을 진단해보세요.

나도
리더가 될 수
있을까

•　나는 청소년지도사로서 현장에서 청소년의 성장을 돕는 프로그램을 기획하고 운영하는 일을 한다. 그중에서 내가 가장 애착을 갖고 기획한 프로그램은 '꿈여울 리더십'이다. 2009년 1기를 시작으로 매 기수마다 초등학생 4~6학년을 대상으로 30명씩 교육을 진행하고 있는데, 10년 동안 벌써 36기까지, 약 1,000여 명의 리더들이 배출되었다.

리더십 교육을 진행할 때면 늘 친구들에게 이런 질문을 한다.

"내가 '리더'라고 생각하는 사람, 어디 한번 손 들어볼까요?"

그러면 30명의 아이들 중 10명 정도는 자신 있게 손을 들고, 나머지 아이들은 머뭇거리거나 자신과는 전혀 상관없는 질문이라는 표정을 짓는다. 내가 리더라고 자신 있게 손을 드는 친구들은 많지 않다. 리더를 어떤 존재로 생각하기에 손을 들지 않는 건지 궁금한 마음에 나는 다시 되묻는다.

"어떤 사람이 리더인가요? 왜 자신이 리더가 아니라고 생각해요?"

"그거야, 반장이나 임원을 하는 친구들이 리더 아닌가요?"

"리더는 앞에서 다른 사람들을 이끌어야 할 것 같은데, 저는 성격이 조용해서 리더가 될 수는 없을 것 같아요."

"남을 이끄는 리더십이 있는 사람이 리더잖아요. 저는 리더십이 없거든요."

대부분의 아이들이 리더는 특별한 리더십을 갖고 있거나 타고나는 것이라고 여긴다. 누구나 리더십을 갖기 원하지만 스스로 리더나 리더십과는 거리가 멀다고 느껴 리더십을 배우는 것도 매우 어렵게 생각한다. 또 '리더십' 하면 흔히 다른 사람을 이끌어야 한다고 생각한다. 리더십은 시대를 막론하고 다양한 분야에서 많은 사람의 입에 오르내리는 단어임에도 리더십에 대한 정의는 명확하지가 않다.

"자신이 리더라고 생각하는가?"

이 질문에 초등학생 때의 나라면 망설임 없이 "아니요"라고 말했을 것이다. 지금은 수많은 사람 앞에서 떨지 않고 강연을 하지만 사실 초등학교 저학년 때만 해도 친구들 앞에서 발표 한번 제대로 하지 못하고 얼굴만 빨개지다 들어오는 수줍음 많은 학생이었다. 워낙 자신감이 없었던 나는 친구들을 이끄는 반장이나 회장을 하는 친구들이 부럽기도 했다. 리더는 나와는 거리가 먼 이야기라고만 생각했다. '나도 리더가 될 수 있어. 나도 리더가 돼야지'라는 동기 자체가 없었다. 그런데 곰곰이 생각해보니 좀 억울했다.

'꼭 사람들 앞에서 말을 잘해야만, 꼭 다른 사람을 잘 이끌어야만 리더가 될 수 있는 걸까? 난 성격이 내성적인데 리더가 될 기회조차 걸까? 리더십을 타고나지 않은 사람이 리더십을 배울 수는 없는 걸까?'

대한민국의 10대들은 다람쥐 쳇바퀴 돌 듯이 학교, 학원, 집을 오가며 바쁘게 살아가는 현실 속에서 자신에게 리더로서의 능력이 있는지, 내가 리더인지 스스로를 돌아볼 여유조차 없다. 10여 년간 청소년들을 만나며, 리더십 교육을 진행하며 고민하고 얻은 해답을 이제 여러분과 함께 나누려고 한다. 팔로미!

평범한 내가 리더가 되다니!

민창이는 특별히 좋아하는 것도, 잘하는 것도 없는 평범한 중학생이었다. 워낙 엄격한 부모님 아래서 자라다 보니 자신이 스스로 하기보다는 부모님이 시키는 대로, 부모님 결정에 따르는 편이었다. 조용하고 무뚝뚝한 성격이의 민창이는 누군가에게 먼저 말을 걸거나 다가가는 것이 쉽지 않았다. 사교성이 좋지 않다 보니 혼자 있기를 좋아하거나 친한 친구 한두 명하고만 어울리는 편이었다. 반에서 통솔력과 리더십이 돋보이는 친구를 보면 '쟤는 어쩜 저렇게 친구들을 잘 이끌지? 리더십을 타고나서 진짜 좋겠다'라며 그저 부러워하기만 했다.

그러던 어느 날 소파에 누워 텔레비전을 켰다가 다큐멘터리 하나를 보게 되었다. 스스로 하드웨어를 만들고, 알고리즘을 만들어 물건의 프로토타입을 제작하는 '메이커'들에 대한 이야기였다. 컴퓨터에는 관심도 없고, 스스로 뭔가를 해보고 싶은 적도 없었던 민창이의 심장이 쿵쾅거리기 시작했다. 미래에 자신이 고안한 물건을 사람들이 사용해서 실생활에 꼭 필요한 필수품이 될 것을 상상하니 너무 떨렸다.

민창이는 스스로 컴퓨터를 켜고 그동안 관심 없던 '하드웨어'라는 분야를 검색하기 시작했다. 메이커는 무엇을 하는 사람들인지, 하드웨어 개발로 성공한 사람들에는 누가 있는지, 어떤 준비를 하고 어떤 공부를 시작해야 메이커 혹은 하드웨어 개발자가 될 수 있는지 무언가에 홀린 듯 파고들었다. 민창이는 그날부터 오픈 소스 컴퓨팅 플랫폼 '아두이노'에 관심을 갖고 공부하기 시작했다. 부모님이 시켜서 하는 것이 아니라 스스로 찾아서 뭔가를 자기 주도적으로 해보는 것은 처음이었다.

처음 느껴보는 알 수 없는 성취감에 신이 났다. 평소 경직되어 있던 민창이의 표정에 생기가 돌고 성격도 밝아졌다. 학교에 가서도 쉬는 시간에 틈틈이 이와 관련된 책을 읽기도 하고, 새로운 사실을 알게 되면 입이 근질근질해서 친한 친구를 붙들고 자신이 알고 있는 내용을 열심히 설명했다.

"야, 너 '아두이노'라고 들어봤어?"

"그게 뭔데?"

남학생들이다 보니 컴퓨터 쪽에 관심이 많아서 그런지 민창이의 이야기를 집중해서 들어주었다. 민창이가 평소에 부러워하던, 언제나 앞에 서서 분위기를 주도하던 친구가 우연히 민창이가 하는 이야기를 듣더니 다가왔다.

"어? 너 그거 어떻게 알아? 나도 요즘 그쪽으로 관심이 생겼는데."

관심 있게 지켜보던 친구들도 하나둘씩 민창이의 이야기에 귀를 기울였다. 언제부턴가 쉬는 시간만 되면 민창이 주위에 많은 친구들이 모여들었다. 그때부터 민창이는 반에서 '컴짱'으로 불리게 되었다. 삶을 자기 주도적으로 이끌었을 뿐인데 자연스럽게 주변에 친구들이 모였다. 민창이는 그때 깨달았다.

'아, 나도 리더가 될 수 있구나.'

리더십은 타고나는 것이 아니다

세계적인 리더십의 대가 존 맥스웰은 태어날 때부터 위대한 리더는 없다고 말한다. 우리는 모두 똑같이 '아기'로 태어난다. 능력은 자라면서 개발된다. 리더는 누가 인정해줄 때 되는 것이 아니라 스스로 리더가 되어 실천하고 배우면서 만들어지는 것이다. 특히 청소년기는 리더십을 배울 수 있는 최적의 시기다.

감성지능 EQ의 창시자이자 《감성의 리더십》의 저자 다니엘 골먼 박사는 말했다.

"리더십을 배울 수 있는 최적의 시기는 청소년 시절이다. 이 시기에 우리의 뇌는 감성 습관을 규정하는 기본적 신경회로를 갖추게 된다. 따라서 어떤 훈련을 받거나 팀의 일원이 되거나, 아니면 대중 화술을 익힐 기회를 갖는 젊은이들의 뇌에는 특별한 신경학적 틀이 마련되는데, 그것이 나중에 성인이 되어 발휘하는 리더십의 중요한 바탕이 된다."

그런데 리더십 관련 강의나 책을 보면 성인들을 위한 리더십 교육 이나 조직의 리더가 되기 위한 내용들이 대부분이다. 청소년들은 어 디서, 어떻게 리더십을 배워야 할까?

청소년기는 신체적으로나 정서적으로나 많은 변화가 있는 시기다. 이 시기에는 다른 사람을 이끄는 '외적 리더십'에 초점을 맞추기보 다, 먼저 자기의 정체성을 찾고 자기 자신을 스스로 이끄는 '내적 리 더십'을 개발하는 것이 중요하다. 여기서 말하는 내적 리더십은 자 신의 삶을 통제하는 힘, 즉 '셀프 리더십(Self-Leadership)'이다. 셀프 리더십은 자기 자신을 잘 이해하고, 인생에서 마주하는 수많은 선 택의 기로에서 스스로 결정하고 자신을 통제하면서 자기 주도적으 로 이끌어가는 내적인 힘이다.

세계 최고의 리더십 전문가 워렌 베니스는, "리더십이란 자신을 알고, 동료 사이에 신뢰를 구축하면서 비전을 소통하며, 자신만의 리더십을 가지고 효율적인 행동을 취하게 되는 기능"이라고 말했 다. 워렌 베니스의 말처럼 자신만의 리더십을 갖기 위해서는 온전히 '나'로부터 시작해야 한다. 나 자신을 이해하고 존중할 줄 아는 '자 존감'을 바탕으로 스스로 '자기 주도성'을 갖고 '창의성'을 발휘해 자 신만의 삶을 만들어가는 힘, 길을 걷다 넘어져도 툭툭 털고 일어설 수 있는 '회복탄력성'을 내 안에 단단하게 장착하고 타인과 '협업'하면서 함께 살아가는 힘, 그 내면의 힘을 나는 자신만의 리더십, 즉 '셀프 리더십'이라고 부른다. 남에게 의존하는 것이 아니라 자기 삶의 주체로서 내 인생의 항로에 책임을 지며, 내 삶을 주도하는 사람이 바로 내 삶의 주인이다.

리더십은 타고나는 것이 아니다. 누구나 셀프 리더십을 갖추고 자신의 삶을 스스로 주도하는 셀프 리더가 될 수 있다. 세상은 빠르게 변하고 있다. 그 세상을 이끌어갈 리더는 바로 여러분이다. 나도 충분히 리더십 잠재력과 능력을 가지고 있음에도 불구하고, 스스로 내 자신에게 한계를 만드는 것은 아닐까? 한 번뿐인 인생, 내가 마음먹기에 달렸다.

자, 이제 여러분에게 다시 묻겠다.

"여러분은 자기 삶을 이끄는 셀프 리더입니까?"

Self Action Plan. 내 안에 잠자는 리더 본능을 깨워라!

주변에서 내가 닮고 싶거나 존경하는 리더는 어떤 사람인가요?

그 이유는 무엇인가요?

나는 어떤 리더가 되고 싶나요?

내 안에 꿈틀거리는 리더 본능을 깨워주세요!

우리에게
꿈을 재촉하지
말아주세요

•   "꿈쌤, 안녕하세요. 저는 아직 꿈이 없거든요. 공부도 잘하지
못하고, 뭐 하나 특출하게 잘하는 것도 없어요. 어른들은 자꾸 꿈
을 가지라고 말하고, 친구들도 하나둘 자기의 꿈을 안고 열심히 저
앞으로 뛰어가고 있는 것 같은데 저 혼자만 덩그러니 제자리걸음을
하고 있는 것만 같아 너무 힘들어요. 선생님은 꿈이 있으면 길을 잃
지 않는다고 하셨는데, 전 꿈이 없어 길을 잃을 것만 같아 너무 두
려워요. 꿈이 없으면 비정상인가요? 꼭 꿈이 있어야 하나요?"

　나의 또 다른 저서인 《괜찮아, 꿈이 있으면 길을 잃지 않아》를 읽
은 청소년 독자들이 종종 고민 상담 메일을 보내올 때가 있다. 대부
분 꿈이 없어서 고민하거나 진로를 결정하지 못해 답답하고 초조한

마음을 담은 내용들이다. 용기를 내서 내게 메일을 보내준 그 자체만으로도 너무 기특해서 나는 진심을 다해 답장을 써주곤 한다. 이 책을 읽는 여러분도 혹시 고민이 있거나 누군가에게 하소연하고 싶다면 언제든 내게 메일을 보내도 좋다. 정성껏 답장을 보내줄 테니.

생각해보면 내가 처음 꿈이란 것을 진지하게 생각해본 것은 중학교 때 생활기록부의 진로생활 칸을 채울 때였다. '장래희망'을 적어야 하는데 딱히 꿈이 없었던 나는 별 생각 없이 'PD'라는 직업을 적었다. 그리고 그 후부터 나의 꿈은 PD라고 말하고 다녔다. PD가 되고 싶은 이유도 없이 단순히 PD가 되기로 꿈을 정했기 때문이었다. 하지만 고등학생 때 사춘기가 찾아오고 방황을 하면서 별 의미 없이 정한 PD라는 꿈은 하루아침에 허공으로 사라졌다. 내가 정말 PD가 되기를 원하는지, 나의 적성에 맞을지 고민에 빠졌다. 괜히 친구들에 비해 뒤처지는 것 같아 마음이 조급해졌다.

여러분도 학교에서 생활기록부에 장래희망을 기재할 때 어떤 '직업'을 적어야 할지 고민해본 경험이 있을지 모르겠다. 꿈에 대해 구체적으로 생각해보지도 않았는데 학교에서 자꾸 꿈을 적으라고 재촉하니 일단 머릿속에 떠오르는 직업을 적기도 한다. 그리고 무심코 적은 그 직업이 언제부턴가 나의 꿈이 되어버리는 경우가 많다.

'꿈을 꼭 가져야 하는 걸까?'

'꿈이 없는데 도대체 어떻게 꿈을 꾸라는 거야?'

'공부하기도 바쁜데 꿈은 무슨. 일단 대학이나 가자.'

대한민국 청소년으로 살아가기는 참 쉽지 않다. 모두들 꿈을 가지라고 말하지만 꿈을 꾸는 방법을 알려주기는커녕 자신의 꿈에 대해 진지하게 고민해볼 여유나 꿈을 꿀 기회조차 주지 않는 현실이 답답하기도 하다. 과연 꿈이 없으면 비정상일까? 꼭 꿈이 있어야 할까?

조급해하지 않아도 괜찮아

태호는 평범한 중학생이었다. 키도, 성적도, 운동 실력도 언제나 고만고만했고 뭔가 특출하게 잘하는 것도 없었다. 리더십이 있거나 인기가 많은 친구들, 공부든 운동이든 잘하는 친구들을 보면 부러웠지만 그렇다고 그 친구들처럼 열심히 하지는 않았다. 무언가를 잘하거나 열심히 하지 않아도 학창 시절을 보내는 데에는 전혀 문제가 없었기 때문이다.

고등학교 1학년 겨울방학, 태호네 집이 이사를 가게 되었다. 다니고 있던 학교에서 이사 간 집까지의 거리가 한 시간 이상 걸렸음에도 태호는 친구들과 헤어지기 싫다는 이유로 전학을 가지 않았다. 버스를 타고 전철을 갈아타고 다니다 보니 등·하교 시간이 길어졌다. 그러면서 자연스레 혼자 생각할 시간이 많아졌다. 혼자서 이런저런 생각을 할 시간이 많아지다 보니 덩달아 걱정도 많아졌다.

'난 왜 이럴까?'

'내가 좋아하는 것은 뭘까?'

'왜 이리 삶이 지루할까?'

심지어 어느 날은, '나는 커서 무엇이 될까?'에 대한 생각에 뜬눈으로 밤을 지새운 적도 있다. 하지만 생각하는 것만으로는 답을 찾을 수 없었다. 태호의 삶은 전혀 변화되지 않았다. 수능 시험을 코 앞에 두고도 자신의 진로를 정확히 설정하지 못했다. 어느 날은 선생님이 멋있어 보여 선생님이 되고 싶다가도, 또 어느 날은 갑자기 축구선수가 되고 싶기도 했다.

대학과 학과를 결정할 때도 마찬가지였다. 대학을 어디로 갈지, 어떤 학과를 가야 할지, 수능을 준비하는 친구들 틈 속에서 아무런 결정도 하지 못하고 있었다. 생각을 넘어 그저 걱정만 앞섰다. 결국 태호는 목적 없이 성적에 맞춰 지방의 작은 대학 건축학과에 진학을 했다. 그리고 대학에 가서도 갈피를 못 잡고 방황을 했다.

'이렇게 많이 고민하는데 왜 여전히 나는 방향을 못 잡을까?'

그러다 우연히 들어가게 된 동아리에서 친구들을 따라 여름방학에 제주도로 장애인캠프 봉사 활동을 가게 되었다. 처음에는 봉사활동보다 제주도라는 장소의 특수성 때문에 가기로 했는데, 그 캠프가 태호에게 삶의 터닝 포인트가 될 줄은 꿈에도 몰랐다.

몸이 불편한 장애인 분들에게 물도 따라드리고, 식사도 먹여드리고, 식판도 정리하고, 소소한 대화를 나누는 등 옆에서 도움을 주는 것이 태호의 주된 역할이었다. 3박 4일의 캠프 동안 그들을 케어하는 자원봉사자들의 행동이 태호의 눈엔 너무 순수하고 맑아 보였다. 제주도의 멋진 경관보다 장애인분들과 함께하는 것이 더 보람찼다. 그들과 함께하면서 다른 사람에게 도움을 줄 수 있다는 사실에 태호는 처음으로 자신이 평범하지 않고 특별하게 느껴졌다.

태호는 장애인캠프를 다녀온 후 그 특별함을 잊지 않기 위해 보다 적극적으로 자원봉사에 참여했다. 장애인캠프를 운영했던 장애

인재단이 위치한 서울까지 다녀오는 길은 고등학교 등·하교 시간보다도 길었지만 전혀 지루하지 않고 오히려 신나기만 했다. 집 인근의 다양한 시설에서도 자원봉사 활동을 꾸준히 하면서 태호는 어느새 사회복지 분야에 관심을 갖기 시작했다. 그중 청소년을 대상으로 지원봉사를 할 때 유독 가슴이 뛰는 것을 느꼈다. 늘 고민하고 생각만 하며 명확한 답을 내리지 못했던 태호가 이번에는 과감하게 결정을 했다.

'그래, 지금이라도 청소년들을 만날 수 있는 학과로 전과를 하자!'

태호는 '청소년학과'로 전과를 신청했다. 그리하여 원하는 학과에 합격하기는 했지만 공대생이 하루아침에 인문대생이 될 수는 없었고, 청소년학을 공부하는 것도 그리 수월하지 않았다. 공대에서 대부분의 시간을 보냈던 미분, 적분 대신 청소년의 발달과 심리에 관한 강의를 듣는 것이 어색했고, 공대에서 개별 과제를 수행하던 것과 달리 다양한 팀별 과제를 하는 것도 혼란스럽기만 했다. 하지만 그 과정 자체를 의미 있게 여기고 즐겁게 생각했다.

'나처럼 평범한 청소년들이, 삶이 얼마나 특별한지 발견할 수 있도록 도와주는 청소년지도사가 돼야지!'

그리고 현재, 태호는 대학 졸업 후 지역의 현장에서 청소년지도사로 일하면서 즐거운 마음으로 청소년들을 만나고 있다. 학창 시절 꿈이 없어 마음만 조급했던 평범한 태호는 지금 자신이 진정 원하는 꿈을 발견하고, 그 꿈을 향해 도전해나가며 또 다른 청소년들의 꿈을 지지하는 특별한 삶을 살아가고 있다.

명사형 꿈이 아닌 동사형 꿈을 꿔라

우연히 한 신문에서 '너무나도 구체적인 미국 아이들의 꿈'이라는 제목의 미국 초등학교 이야기에 관한 기사를 본 적이 있다. 우리나라 청소년들은 꿈을 비교적 단순하게 '명사형 직업'으로 말하는 반면에, 미국 청소년들은 꿈이 매우 구체적이라고 한다.

미국 초등학생의 경우 의사가 되고 싶은 학생은 막연히 의사라는 직업군을 선택하기보다 "큰 농장에 집을 짓고 많은 가축을 기르면서 수의사를 하고 싶다"는 식으로 해당 분야의 전문가가 되겠다는 목표를 분명하게 표현한다. 또한 "공기를 오염시키지 않는 태양열 집을 짓는 건축가가 되겠다", "이민 변호사가 되어 미국에 오려는 이민자들을 돕고 싶다" 등과 같이 구체적인 '동사형 꿈'을 꾼다. 한편 우리나라의 청소년들에게 꿈이 무엇인지 물으면 선생님, 연예인, 의사, 과학자, 경찰, 공무원 등 누가 규정해놓은 것처럼 한결같이 똑같은 직업을 말한다.

최근 한 초등학교에서 강의를 하면서 초등학교 4학년 학생의 대답에 충격을 받은 적이 있다. 꿈이 무엇인지 묻는 질문에 그 학생은 자신의 꿈을 "정규직"이라고 말했다. 고작 열한 살 된 아이의 입에서 생각지 못한 대답이 나와 "정규직이 뭔지는 알아요?"라고 되물었다.

"엄마가 정규직만 하면 안정적이고 좋다고 해서요."

한숨이 절로 나왔다. 누구의 잘못일까? 우리나라의 청소년들은 대부분 꿈꾸는 교육을 제대로 받지 못하고 있다. 꿈을 어떻게 꿔야 하는지를 잘 모른다. 좋은 성적을 받아 좋은 대학에 가면 좋은 직장에 취업할 수 있을 것이라는 막연한 기대만을 갖고 모두가 한 곳을 향해 걸어가고 있다. 서로 경쟁하며 획일화된 꿈을 꾸는 과정 속에 남모르게 마음이 병들고 아파하고 있지는 않은지 걱정이 된다.

인생에서 중요한 것은 속도보다 방향이다. '얼마나 빠르게' 열심히 달리느냐가 아니라 '어디를 향해' 달리느냐가 중요하다. 그렇기 때문에 내 인생의 방향을 결정할 꿈에 대해 신중하게 고민해보고 충분히 탐색하고 결정해도 늦지 않다. 그 꿈을 이루기 위해 내가 오늘 해야 할 일은 무엇인가를 아는 것이 훨씬 더 중요하다.

청소년에게는 자신의 꿈에 대해 충분히 탐색하고 고민해볼 특권이 있다. 어떤 특정 직업을 급하게 결정하고 꿈꾸려 하기보다는 내가 왜 그 직업을 선택하고 싶은지, 그 직업을 통해 이루고 싶은 일은 무엇인지 자신에게 고민할 기회를 선물해주자. 중요한 것은 스스로에게 꿈을 찾을 기회를 충분히 주는 것이다.

꿈을 재촉하는 현실 앞에 기죽을 필요 없다. 아직 꿈이 없을 수도 있다. 누군가 자꾸 꿈에 대해 재촉한다면 당당하게 말해도 좋다.

"우리에게 꿈을 재촉하지 말아주세요. 저는 지금 열심히 꿈을 찾고 있는 중이니까요."

Self Action Plan. '동사형' 꿈을 찾아라!

명사형 꿈이 아닌 동사형 꿈을 적어보세요.
단순하게 '직업'이 아닌, '내가 하고 싶은 일'을
고민하는 것이 더 중요하답니다.

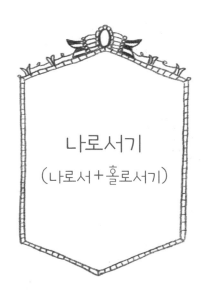

나로서기
(나로서+홀로서기)

• 　요즘 20대 사이에서 혼놀, 혼밥, 혼영, 혼행 등 '나 홀로 문화'가 새롭게 떠오르고 있다. 이제 혼자서 밥을 먹거나 영화를 본다거나 여행을 떠나는 일쯤은 자연스러운 모습이다. 20대가 생각하는 '혼자'는 외로운 것이 아니라 함께하는 대상이 '자기 자신'이 되는 것이다. 자기 자신과 친해지기 위해 혼자 여행도 떠나고, 혼자 취미생활도 즐기며 오롯이 자신에게 집중한다. 이런 트렌드가 유행하면서 '나로서기'라는 신조어도 생겨났다. '나로서기'란 '나로서+홀로서기'의 줄임말로, 외부의 치유에 기대지 않고 자존감의 원천을 자신에게서 찾으면서 나로서 홀로서기 하려는 마음가짐을 말한다.

시대의 흐름은 감성 마케팅으로 유명한 피로회복제 박카스 CF의 변천사를 봐도 쉽게 알 수 있다. 박카스 CF의 변천사를 보면 시대의 흐름을 반영해 박카스를 전해주는 대상이 달라지는 것을 볼 수 있다. 과연 지금까지 20대 청춘들은 누구에게 힘을 얻었을까?

과거에는 버스에서 졸던 청년이 종점에서 깨자 운전기사 아저씨가 "학생, 힘들지?"라고 말하며 박카스를 건네면서 힘을 주었다. 때로는 새벽 2시에 농구 게임 후 지쳐 코트에 누운 두 친구가 "한 게임 더?"라고 외치며 같은 고민을 겪는 서로에게 박카스를 건네면서 힘을 얻기도 했다. 요즘은 힘든 현실에서도 자신의 자리에서 힘차게 살아가고 있는 자기 자신에게 "스스로를 아끼자"라고 말하며 박카스를 건네면서 '스스로' 힘을 얻는다. 힘든 환경은 비슷하지만 시대의 흐름에 따라 외부로부터 위로를 얻기보다는 '나'에게 집중하며 위로를 얻는 시대의 트렌드를 잘 표현한 의미 있는 광고다.

학업에 치이고, 부모님께 치이고, 친구에게 치이고, 답답한 현실 속에 결국 모든 해결의 실마리는 결국 '나'에게 있다는 것! 이제 외부의 치유에 기대지 않고 나로서 홀로서기를 하는 '나로서기'가 필요하다.

나로서기! 어떻게 시작해야 할까?

은성이는 남들이 보기에 멋있는, 일명 '있어 보이는' 직업을 갖고 싶었다. 꿈은 그저 겉치레라고만 생각했다. 이왕이면 나라를 위하면서 남들이 하기 어려워하는 직업을 꿈꾸면 남들 눈에 좀 있어 보이겠다는 생각이 들었다. 그러던 차에 '국어 교수'라는 직업을 찾게 되었다.

'선생님이나 부모님이 얼마나 기특해하실까! 그 어려운 교수를 꿈꾸면서 나라를 위한 일을 하고 싶어 하니까!'

은성이는 그 이후 학교에서 꿈에 관련된 종이를 나눠줄 때면 '국어 교수'라고 쓰며 괜히 뿌듯해했다. 예상대로 국어 교수라는 꿈을 말하자 주변 어른들과 선생님이 칭찬과 격려를 보내주었다. 은성이는 어린 마음에 그 기대에 부응하고 싶었다. 펴자마자 졸음이 쏟아지는 작은 글씨의 두꺼운 책도 읽어보고, 교수가 되려면 누군가를 가르치는 데에 익숙해져야 한다고 생각해 교과서 내용을 곰 인형에게 설명해가며 공부하기를 어언 1년 반. 부작용이 나타났다. 주위의 칭찬과 격려에도 더 이상 책을 읽고 싶지도, 공부를 하고 싶지도 않았다. 근본적으로 국어 교수가 되고 싶지 않았다.

은성이의 꿈은 단순히 누군가에게 보이기 위한 꿈이었다. 당연히 자신에게 지속적인 동기부여를 주기 어려웠다. 보여주기 식 꿈일지라도 꿈이 있다고 말할 때에는 괜히 자신감이 넘쳤었는데 그 꿈조차 내 것이 아니라는 생각에 은성이는 의기소침해졌다. 덩달아 학교에서 무언가를 배울 동기가 없어졌다. 동기가 없다 보니 흥미 또한 떨어지고, 학교를 가야 하는 것이 강압적으로만 느껴졌다.

은성이는 감기에 걸렸다고 핑계를 대며 처음으로 학교에 가지 않았다. 다음 날도 마찬가지였다. 결국 엄마에게 들켜 엄청 혼이 났지만 그다음 날 또 학교를 가지 않았다. 엄마가 아무리 타일러봐도 은성이는 계속 핑계를 대면서 일주일이라는 시간 동안 꿋꿋이 학교를 가지 않았다. 은성이 역시 한편으로는 선생님과 부모님을 힘들게 해드리는 것 같아 마음 한구석이 불편했다. 그래서 딱 하루만 갔다

오자는 마음으로 선생님께 혼날 각오를 하고 긴장하며 등교를 했다. 걱정과 달리 선생님은 오히려 아픈 데는 괜찮아졌냐며 은성이를 걱정해주었다. 괜한 걱정을 끼쳐드린 것 같아 선생님과 부모님께 죄송한 마음이 들었다. 무엇보다도 자신감 넘치던 모습을 버리고 그저 하기 싫다고 비겁하게 도망간 게 자기 자신에게 미안해졌다.

'그래, 나는 잘하고 있어. 지금 당장 꿈이 없더라도 많은 경험을 하다 보면 정말 내가 원하는 꿈을 갖게 될 거야. 그 준비를 함께 도와주는 게 학교야. 난 학교에 가야만 해서 가는 것이 아니고, 내가 의지에 따라 주체적으로 학교를 가는 거야. 이제 더 이상 도망가지 않을 거야.'

은성이는 스스로를 달래고 위로하며 앞으로의 자신에게 대해 깊이 생각하며 자기 자신에게 동기를 부여받았다. 생각을 달리하자 신기하게도 학교 가는 것이 다시 즐거워지기 시작했다. 그리고 매 수업에 더욱 적극적인 학생이 되었다.

남의 시선을 의식하며 자신에게 강제로 붙인 '국어 교수'라는 스티커를 떼어내자 남들 시선에 좌지우지되지 않는, 그저 '이은성'으로서 행복해졌다. 그때부터 은성이는 온전히 나로서기를 할 수 있었다.

이제 은성이는 자신이 간절히 원하고, 하고 싶은 '드라마 PD'를 꿈꾸며 자신을 위한 스티커를 하나씩 붙여나가고 있다. 자신만의 스티커를 하나씩 붙여나갈 때마다 은성이는 한 걸음씩 성장하고, 더 단단해지고 있다. 무엇보다 자기 자신에 대한 믿음과 확신이 생겼다.

헬렌 켈러는 이런 명언을 남겼다.

"세상에서 가장 아름답고 소중한 것은 보이거나 만져지지 않습니다. 단지 가슴으로만 느낄 수 있습니다."

꿈도 그렇다. 당장은 확신이 없고 눈에 보이지 않는다 할지라도 온전히 나로 설 수 있다면 언젠가 가슴으로 그 꿈을 느낄 수 있다.

온전히 나 자신이 된다는 것

"스스로에게 길을 묻고 스스로 길을 찾아라.
꿈을 찾는 것도 당신,
그 꿈을 향한 길을 걸어가는 것도 당신의 두 다리,
새로운 날들의 주인도 바로 당신이다."

소설 《파블로 이야기》의 저자 토마스 바샵의 말이다. 내 삶의 주체로서 나만의 길을 스스로 걸어가며, 내 삶의 새로운 날들의 주인이 되는 사람은 바로 나 자신이다.

입시 위주의 경쟁 사회 속에서 많은 청소년들이 시험 점수, 생활기록부, 자기소개서 등 남들의 기준에 의한 평가에 맞춰 자신을 위한 것이 아니라 자신을 보고 있는 사람들을 위한 스티커를 하나하나 붙인다. 아직 좀 더 내 인생에 대해 고민도 해보고, 가끔은 이게 확실한 내 길인지 방황도 해보고 싶은데 남들에 의해 붙여지는 스티커에 마음만 조급해진다. 언제부턴가 자기도 모르는 스티커가 온통 주변에 붙어 있다. 반복되는 방황 속에 시간만 자꾸 흐르고, 어디서부터 어떻게 다시 시작해야 될지 모를 때도 있다.

방황을 '결과'로만 보면 시간낭비라고 생각할 수 있다. 하지만 방황을 '과정'으로 보면 오히려 인생을 살아가는 데 큰 공부가 된다. 방황조차도 내 삶의 소중한 시간으로 인정하고, 방황하면서 돌아서도 가보고, 지름길로도 가보는 과정을 통해 나에 대해 충분히 탐색할 수 있다면 방황은 결국 나로서기를 위한 하나의 과정이 된다.

어쩌면 우리는 자신이 원하는 꿈이 아니라 꿈이 원하는 나 자신을 만들기 위해 아등바등 살아가고 있는 것은 아닐까? '꿈이 원하는 자신'이 아닌, '자신이 원하는 꿈'을 향해 나아가보자. 조급해하지 말자. 어차피 내 인생이다. 마이 웨이!

Self Action Plan. 진짜 나를 위한 스티커를 붙여주세요.

나에게는 어떤 스티커가 붙어 있나요?
남들에 의해 붙여진, 남이 원하는 스티커는
과감하게 떼버리세요.
내가 온전히 나로 설 수 있도록
내가 원하는 스티커를 자신에게 붙여주세요.

인플루언서가 되고 싶어요

"꿈쌤, 요즘 기성세대랑 신세대 구분하는 방법 아세요?"

"글쎄, 모르겠네. 뭔데?"

"쌤은 스마트폰으로 검색할 때 어떻게 하세요?"

"그야 구글이나 네이버 같은 인터넷 포털사이트를 이용하지."

"아, 선생님도 역시 기성세대네요."

"헉, 인정하고 싶진 않지만……. 쌤도 신세대가 되고 싶은데 방법 좀 알려줄 수 있니?"

"제가 꿈쌤이니까 특별히 알려드리는데요, 기성세대는 인터넷 검색창에서 검색하는데 신세대들은 '유튜브'에서 검색한대요."

기성세대는 '검색'이라면 포털 사이트를 떠올리지만, 10대들은 모든 것을 유튜브로 검색한다니! 여러분, 이거 레알?

이제 유튜브는 단순히 영상 플랫폼이 아니다. 세계 어느 곳을 막론하고 자유롭게 표현의 자유를 교환하는 공간, 유튜브의 영향력은 그야말로 상상을 초월한다. 자연스레 다양한 영상 콘텐츠를 만드는 '1인 미디어 크리에이터'가 전성시대다. '크리에이터'는 유튜브나 페이스북, 아프리카 TV 같은 플랫폼에 자신만의 채널을 만들어 게임이나 먹방, 메이크업, 랩이나 노래 등 직접 촬영한 영상을 올려 대중들과 공유하고 소통하는 사람을 말한다. 유튜브의 영상물에 익숙한 10대, 20대들에게 크리에이터의 인기는 연예인 이상이다.

크리에이터의 인기가 날로 상승하면서 이제 청소년들에게 떠오르는 핫한 직업 중 1순위가 '크리에이터'로 바뀌고 있다. 실제로 청소년을 대상으로 강의를 하러 가서 꿈에 대해 물으면 예전에는 아이돌 같은 연예인이 장래희망 1순위였는데, 언제부턴가 크리에이터라고 대답하는 친구들이 많아진 것을 느낄 수 있다.

SNS가 발달함에 따라 유명하지도 않고, 연예인처럼 외모나 퍼포먼스로 인기를 얻지 않아도 각 SNS 채널별로 수만 명에서 수십만 명의 팔로워를 보유하며 트렌드를 선도하거나 타인에게 영향을 끼치는 사람들이 등장했다. 이렇게 타인에게 영향력을 끼치는 사람(Influence+er)을 신조어로 '인플루언서'라고 부른다. 나는 그들을 또다른 이름, '셀프 리더'라고 부른다.

작은 일부터 차근차근

태민이는 중학교 때까지 꿈이 없었다. 선생님들은 하나같이 꿈을 빨리 찾으라고 했지만, 태민이는 아직 꿈을 찾고 싶지 않았다.

'100세 시대인데 겨우 열네 살에 꿈을 정하라고?'

납득이 가지 않았다. 흔히 꿈이라고 하면 생각만 해도 가슴이 두근두근한다고 하던데 딱히 가슴을 뛰게 하는 일도 없었다. 태민이는 특별히 잘하는 것도 없고, 쉽게 질리는 성격이라 딱히 내세울 만한 취미도, 즐겨 하는 것도 없는 평범한 중학생이었다. 대신 하고 싶은 것은 아주 많았다. 물론 거창한 건 아니었다. '좋아하는 배우 나오는 영화 보기', '도서관에 새로 들어온 만화책 1등으로 보기', '재미있어 보이는 대외 활동 하기', '하고 싶은 동아리에 들어가기' 등등.

태민이는 일상 속에서 할 수 있는 작은 일들, 지금 당장 하고 싶은 것을 찾아 하기 시작했다. 그중에서 태민이가 꼭 이루고 싶은 목표가 하나 있었다. 우리나라의 문화유산을 찾는 외국인 여행객들에게 영어 해설 자원봉사 활동을 하는 '청소년 문화단'이라는 단체에 들어가는 것이었다. 외국인들에게 둘러싸여 당당하게 자기 할 말을 하는 단원 친구들이 너무 멋져 보였다.

'우리나라를 외국인에게 영어로 알린다고? 와, 뭔가 있어 보이고, 완전 멋진데! 한번 해볼까?'

영어로 우리나라를 알린다는 사실 자체가 무척 매력적이었다. 태민이는 결국 중학교 2학년이 되던 해 1월부터 교육 과정을 듣기 시작했고, 꼬박 1년에 걸쳐 모든 교육 과정을 이수했다. 거기서 끝이 아니었다. 중학교 3학년 3월부터 6월까지 3개월간 '문화유산해설사 전문 과정'을 밟아 마침내 7월에 정식 입단에 성공했다.

그 과정들이 결코 쉽지는 않았다. 학교에서 방송부장을 맡게 되면서 부담은 더 커졌다. 모든 학교 행사들을 진행하며 후배들 교육도 해가면서, 또 집에 가서는 해설 과정 예상 시나리오를 영어로 30~40장씩 써야 했다. 2주에 한 번씩 현장에 나가서 직접 해설 연습을 해보고 선생님께 피드백을 받았다. 평소에 10시면 잠이 들던 태민이는 누가 시키지 않아도 자신이 하고 싶은 일을 위해 새벽까지 깨어서 공부하고, 연습하고, 동영상을 찍고, 다시 모니터링하면서 준비한 끝에 서너 차례의 시험을 치르고서 무사히 과정을 마치고 입단하게 된 것이다.

'야호, 내가 드디어 청소년 문화단에 입단하다니!'

특별한 꿈이나 목표가 없었던 태민이는 지금까지 살면서 제일 잘한 일이 청소년 문화단에 입단한 일이라고 한다. 한 번도 자신이 먼저 강렬하게 뭔가를 이루어내고 싶다는 생각을 해본 적도 없었고, 심지어 그 일을 3개월 이상 꾸준히 해낸 적도 없었다. 그런 자신이 무려 1년 반가량을 한 가지 목표에 쏟아부었다니, 그 자체가 스스로 너무 놀라웠다.

'내가 이렇게 끈기 있는 사람이었던가? 나도 마음만 먹으면 뭐든지 할 수 있겠구나.'

성취감을 느끼면서 자신의 가능성을 스스로 느낀 터라 자존감도 상당히 높아졌다.

중학교 3학년이 되어서 자사고에 진학하려고 마음먹은 태민이는 자기소개서를 위해 생활기록부를 뽑았다. 그런데 꿈이 없었기에 그저 자신이 할 수 있는 작은 일, 하고 싶은 일을 찾아 하기 시작했던 지난 3년간의 활동들이 신기하게도 모두 한 방향을 가리키고 있었다. 사소하게 했던 활동들, 흩어져 있는 시간들을 모았더니 자신이 뭘 좋아하는지 실체화가 되어서 나타난 것이다. 그곳이 방송 분야였고, 그 분야에서 찾은 꿈이 인플루언서이자 언론인이다.

태민이는 인플루언서가 되고 싶어 한다. 영향력 있는 개인, 누군가에게 영향을 미칠 수 있는 존재를 인플루언서라고 표현한다. 태민이는 이 꿈을 이루기 위해 이제 유튜버에 도전하려고 하는 중이다.

만약 태민이가 3년 동안 꿈이 없다며 아무것도 하지 않았다면 지금처럼 꿈을 찾을 수 있었을까? 아마 무엇을 좋아하고 무엇에 관심이 있는지, 무엇을 잘하는지, 어떤 사람이 되고 싶은지도 몰랐을 것이다. 태민이는 스스로 작은 일에 도전해보고 그 과정 속에서 성취감을 느끼면서 자신에게 긍정적인 영향력을 행사했다. 태민이는 이미 이 책을 읽는 독자들에게는 '인플루언서'일지도 모른다.

리더십은 영향력이다

평소에 자신이 존경하고 닮고 싶은 '롤모델'을 떠올려보자. '롤모델'이란 자신이 닮고 싶은 사람, 본보기가 되고 모범이 되는 사람을 말한다. 자신이 원하는 분야에서 이미 성공했거나 닮고 싶은 사람을 자신의 롤모델로 선정하고, 그 사람의 장점을 본받고 따라 하다 보면 나도 모르게 한층 성장해 있음을 느낄 수 있다. 그것이 바로 롤모델이 나에게 주는 영향력이다.

나의 롤모델은 대한민국의 대표 꿈멘토 김미경 원장님이다. 종종 슬럼프에 빠지거나 힘이 들 때 김미경 원장님의 강연을 들으면 괜히 위로가 되면서 동기부여가 되어 다시 힘을 내곤 한다. 이처럼 여러분이 존경하거나 좋아하는 영향력 있는 사람들의 공통점은 대부분 자기 주도적으로 삶을 결정하고 통제하며 스스로 이끌어갈 것이다.

세계적인 리더십의 대가 존 맥스웰 박사는 리더십을 한마디로 "영향력"이라고 말한다. 나이, 성별, 지역을 불문하고 어느 지위나 위치에 있든지 누군가에게 영향력을 발휘하는 사람이야말로 진정한 리더라고 할 수 있다. 그런데 내가 누군가에게 영향력을 주고 싶다면 나 자신의 영향력을 먼저 키워야 한다. 자신의 삶도 스스로 결정하지 못하고 통제하지 못하면서 다른 사람에게 영향력을 주기는 어렵다.

셀프 리더십이란 '자기 삶에 스스로 긍정적인 영향력을 행사하며 자기 주도적으로 이끌어가는 힘'이다. 자신의 삶을 스스로 결정하고 통제하며 자기 마음을 움직이는 영향력을 스스로에게 행사할 때 셀프 리더로 거듭날 수 있다.

나는 항상 나 자신을, '청소년의 꿈을 반짝반짝 빛나게 도와주는 꿈쌤'이라고 소개한다. 청소년들의 꿈이 빛날 수 있도록, 꿈이 현실로 이루어질 수 있도록 돕는 일을 나의 사명으로 생각하고 청소년들을 만나고 있다. 나 자신이 먼저 꿈을 꾸고, 그 꿈을 이루기 위해 노력해야 청소년들에게도 긍정적인 영향을 줄 수 있을 것 같아 더 열심히 살아가게 된다. 그런 나에게 한 아이가 물었다.

"꿈쌤은 지금 엄청 많은 일을 하고 계시잖아요, 앞으로 더 이루고 싶은 꿈이 있으세요?"

나는 잠시 고민을 하다 이렇게 대답했다.

"쌤은 누군가에게 긍정적인 영향력을 주는 유튜버에도 한번 도전해보고 싶어."

청소년이 즐겨찾는 플랫폼 유튜브에서, 청소년의 고민을 들어주고 조금 더 가깝게 소통하고 그들을 응원하기 위해 나는 〈꿈쌤TV〉 채널을 오픈해서 또 하나의 새로운 도전을 하고 있다. 그렇게 나는 오늘도 누군가에게 긍정적인 영향력을 주는 셀프 리더를 꿈꾼다. 여러분은 자기 자신과 타인에게 어떤 영향력을 주는 리더가 되고 싶은가? 그 영향력의 시작은 내가 만드는 것이다. 나 자신에게 먼저 영향력을 행사해보자.

Self Action Plan. 나에게 영향력을 주는 롤모델 찾기

나의 롤모델은 누구인가요?
롤모델을 통해 내가 배우고 싶은 점은 무엇인지,
그가 나에게 어떤 영향력을 주었는지 적어보세요.
나도 누군가에게 롤모델이 된다면 어떤 영향력을 주는 사람이
되고 싶은지 떠올려보세요.

• Dream Talk 꿈 인터뷰

꿈쌤 : 은성아, 안녕! 뭐하고 있어?

은성 : 꿈쌤, 안녕하세요! 저 요새 6월 모의고사 준비 중이에요! 4월 모의고사 본 게 바로 어제 같은데…….

꿈쌤 : 역시 고3이라 학원에, 공부에 바쁘구나……. 은성이를 중학생 때부터 봤는데 벌써 고3이라니, 시간 정말 빠르다!

은성 : 그러게요, 어렸을 때부터 선생님은 제 성장 과정을 다 보셨네요!

꿈쌤 : 정말 그런 것 같아. 은성이는 10대를 보내면서 가장 기억에 남는 일이 뭐야?

은성 : 음, 기억에 남는 일은 손에 꼽을 수 없이 많지만, 그 기억 대부분을 우리 강연기획단이 함께했어요! 다들 서로 '두 번째 가족'이라고 칭하는 우리 강연기획단과 함께한 날들을 퍼즐처럼 맞추다 보면 제 10대 시절의 행복한 순간이 보이더라고요. 꿈쌤 덕분이에요, 감사합니다!

꿈쌤 : 에이, 감사하긴! 잘 성장해준 은성이를 보면 쌤이 오히려 참 기특하고 고맙지. 10대의 마지막 시기를 보내며 아쉽거나 후회되는 점은 없니?

은성 : 음……. 없어요! 사실 전에는 후회도 했었지만, 생각해보면 그 순간마저 지금의 저를 만들어준 디딤돌이 된 것 같아요.

꿈쌤: 우와, 역시 잘 컸어! 우리 은성이, 정말 잘하고 있단다! 성인이 되면 가장 해보고 싶은 건 뭐야?

은성: 음, 전 일단 완전 제대로 놀아보고 싶어요! 그리고 서로 진심을 주고받을 수 있는 사람을 만나서 진짜 예쁘게 오래오래 연애도 하고 싶어요. 히힛.

꿈쌤: 은성이는 충분히 사랑 많이 받을 거야. 그럼 은성이는 앞으로 어떤 사람이 되고 싶어?

은성: 저는 제 생각과 철학대로 살아가는 사람이 되고 싶어요! 정직하고 올곧은 대한민국을 위한 언론인이 되는 게 꿈이에요. 그리고 저도 행복하고, 남도 행복하게 해주는 사람이 되고 싶어요!

꿈쌤: 앞으로의 은성이가 더욱 기대되는걸? 마지막으로 또래 청소년이나 후배들에게 꼭 해주고 싶은 한마디가 있다면 뭐가 있을까?

은성: 모든 순간은 자신이 행복하기 위해 존재한다는 걸 알았으면 좋겠어요. 여러분은 모두 행복할 만한 가치가 있는 분들이에요. 좋은 것만 보고 좋은 것만 들을 수 없는 세상이라 할지라도 좋은 사람인 여러분 모두는 행복했으면 좋겠습니다!

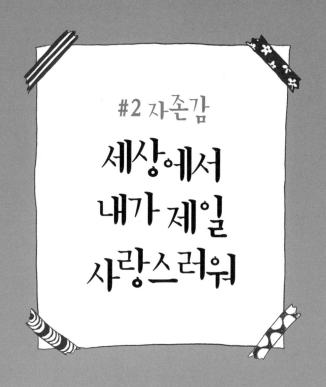

#2 자존감

세상에서
내가 제일
사랑스러워

"자존이야말로 모든 미덕의 초석이다."

— 존 허셀 —

꿈쌤

이제 고3이라 요즘 많이 힘들지?
수연이는 뭐가 가장 고민이니?

수연

글쎄요. 제가 과연 앞으로 뭘 할 수
있을지 잘 모르겠어요.

 꿈쌤

괜찮아. 아직 늦지 않았는걸.

수연

저는 공부도 못하고, 잘하는 것
도 없고, 예쁘지도 않고…….
친구들은 다 잘하고 있는 것 같
은데 저만 늘 왜 이럴까요?

 꿈쌤

만약에 수연이가 하고 싶은 일을 할
수 있는 기회가 주어진다면 뭘 하
고 싶어?

수연

그게, 저도 제가 뭘 원하고 하
고 싶은지 잘 모르겠어요.
이런 제 자신이 너무 싫고 제
가 바보 같아요.

 꿈쌤

많이 힘들었구나. 힘들면 힘들다고 말
해도 괜찮아. 가장 중요한 건, 자기 자신
만은 있는 그대로의 나를 아껴주고 믿
어주는 거야. 누가 뭐래도 이 세상에서
나를 가장 잘 알고 사랑할 수 있는 사람
은 나뿐이니까.

   SMS/MMS OK

서른일곱, 미래에서 온 꿈쌤이 열일곱 살, 과거의 꿈쌤에게 하는 말

나는
나를 믿어

• 　고등학생 때 나는 지독한 사춘기를 겪었다. 마땅히 하고 싶은 것도 없고 꿈도, 목표도 없었다. 그저 친구들과 어울려 노는 게 가장 즐거웠다. 아무 생각 없이 학교를 다니다 보니 성적은 점점 바닥으로 떨어졌다. 결국 반에서 꼴등까지 했다. 그때 하필 반에서 가장 친한 친구와 오해가 생겨 사이가 점점 멀어졌다. 게다가 얼굴에는 울긋불긋 피부 트러블까지 올라와 거울 속의 내 얼굴을 쳐다보기도 싫었다. 나 자신이 한없이 초라하고 싫었다. 결국 나의 자존감은 바닥까지 내려갔다.

　'나만 항상 왜 이럴까?', '나는 도대체 잘하는 게 뭐지?', '나는 왜 이렇게 생긴 거야? 이런 나를 누가 나를 좋아해주겠어?', '누군가 나에 대해 또 실망하면 어쩌지?' 여러분도 한 번쯤 이런 생각을 해본

적이 있을 것이다. 경쟁 사회 속에서 아무리 노력해도 시험 성적이 올라가지 않을 때, 친구와 자꾸 비교하며 열등감을 느낄 때 나도 모르게 의기소침해지며 나 자신이 점점 작아지는 것을 느낀다. 살아가면서 크고 작은 실패를 겪을 때 어떤 사람은 이를 극복하고 다시 도전하지만, 어떤 사람은 다시 일어서지 못하고 포기한다. 둘 사이에는 무슨 차이가 있을까? 그 차이를 가늠할 수 있는 것이 바로 '자존감'이다.

자존감(Self-esteem)이란 말 그대로 자신을 존중하고 사랑하는 마음이다. 자존감이 잘 형성된 사람은 자신을 소중히 여기며, 다른 사람과 긍정적인 관계를 유지할 수 있다. 반면에 자존감이 약한 사람은 자꾸 남의 시선을 의식하고, 자신감이 부족하기 때문에 대인관계가 원만하지 않으며 열등감도 심하다. 내 인생의 진정한 주인공이 되기 위해서 가장 중요한 것은 바로 '자존감'을 지키는 것이다.

30여 년 동안 자존감 분야를 연구해온 심리학 박사 나다니엘 브랜든은 "나를 도울 사람은 오직 나 자신뿐"이라고 말했다. 그는 자존감이란 "자신이 살아가면서 부딪히는 기본적인 도전들에 대처할 수 있다는 믿음이고, 자신에게 행복해질 권리가 있다는 믿음"이라고 말한다.

자존감을 키우려면 먼저 자기 자신을 믿어야 한다. 자존감은 자신에 대한 믿음에서 출발한다. 타인이 아닌 자신의 행동에 달려 있으며, 다른 사람이 아무리 뭐라고 해도 내가 자신을 믿고 존중할 때 스스로 자존감을 지킬 수 있다. 왜냐하면 자존감은 다른 사람이 아닌 내가 나에게 내리는 평가이기 때문이다. 이론상으로는 어렵지 않은데 자존감이 낮아진 상황에서는 그게 말처럼 쉽지 않다. 나의 자존감을 단단하게 지키려면 어떻게 해야 할까?

왜 나만 이 모양일까?

제빈이는 성격이 소심했다. 무언가를 적극적으로 해본 적도 없었다. 스스로 자존감이 많이 낮다고 여기다 보니 무엇을 해도 성공하지 못할 거라고 생각했다. 무언가를 과감하게 시도하기보다는 항상 주저하며 고민만 반복했다. 그러다 결국 고민으로만 끝나거나 쉽게 포기해버리기 일쑤였다. 큰맘 먹고 한번 시작했다가도 '내가 끝까지 할 수 있겠어?'라며 자신을 믿지 않고 중간에 그만두고 좌절하기도 했다.

주위를 둘러보면 모두가 대단하게만 보였다. 자신의 꿈을 당당하게 말하는 친구, 자신의 재능을 살려 가꾸는 친구, 많은 친구들과 소통하며 반을 이끄는 친구 등 모두가 대단해 보였다. 제빈이의 자존감은 점점 떨어지고, 자신만 너무 초라해 보였다.

'왜 나만 이럴까? 주위 사람들은 걷기도 하고 달려 나아가기도 하는데 나는 이렇게 주저앉아 좌절하고 있으면 앞으로 어떻게 될까?'

모두가 당연하게 하는 일들도 왜 이렇게 어렵게만 느껴지는지 고민이 되었다. 사실 제빈이는 겁이 났다.

'도전했다가 실패하면 어쩌지? 누군가 나를 비웃으면 어떡하지?'

남의 시선도 의식되고, 실패할 것도 두려워 도전하기가 망설여졌다. 제빈이는 스스로를 다독이기 시작했다.

'그래, 결과가 어떻든 한번 일어나 도전해보자. 후회할 때 하더라도 이렇게 앉아 있는 것보단 일단 무언가에 도전이라도 해보는 게 낫겠어. 그럼 무엇부터 시작할까?'

제빈이는 우선 자기 자신부터 파악하고 싶었다. 나는 누구이고, 어떤 성향이고, 내가 좋아하고 잘하는 것은 무엇인지 나 자신부터 알아가기로 결심했다. 앞으로의 삶을 계획하기 위해 많은 진로 프로그램에도 참여했다.

제빈이는 진로 프로그램 하나를 결정하면서도 수많은 고민을 했다.

'과연 다른 사람들과 함께 소통할 수 있을까? 또 주저하거나 소심하게 바라만 보지 않고 열심히 임할 수 있을까?'

여전히 소심한 성격의 제빈이는 어떤 선택을 할 때 많은 고민을 했지만 있는 그대로의 자신을 존중하고 기다려주기로 했다. 진로 프로그램에서 소통의 거리를 넓히기 위한 노력도 하고, 용기를 내 자신의 생각을 발표하기도 했다. 다른 사람에게는 당연한 일이었지만 제빈이에게는 쉽지 않은 도전이었다.

제빈이는 많은 진로 프로그램과 다양한 체험에 묵묵히 참여하며 이전보다 더 나은 사람이 되기 위해 노력해나갔다. 이러한 사실을 다른 사람들에게 당당하게 말하지 못했던 터라 제빈이의 도전이 다른 사람들에게는 보이지 않았을 수 있다. 그럼에도 불구하고 제빈이는 크고 작은 도전들을 계속했다.

중학교 3학년이 된 제빈이는 16년 인생에 있어 가장 큰 도전을 하게 되었다. '도전'이라는 주제로 선생님들과 1, 3학년 학생들 앞에서 강연을 하게 되었던 것이다. 제빈이는 이전의 자기 자신을 변화시키고 싶었다. 그래서 도전을 하게 되었고, 지금도 도전하고 있다고 말했다. 무대에 오르기 전까지는 두려움도 많았다.

'목소리를 크게 할 수 있을까? 강연을 마치고 누군가 비난하지는 않을까?'

많은 생각이 들었지만 막상 강연을 마치고 내려오니 후련했다. 목소리도 작았고, 군데군데 실수한 부분들도 많았다. 그러나 앞에서 비난하는 친구들은 없었고, 모두 잘했다고 말해주었다.

'그래, 내가 해냈어. 나도 마음만 먹으면 할 수 있다고!'

눈에 보이는 첫 도전을 통해 제빈이는 작은 성취감과 자신에 대한 믿음을 새삼 느낄 수 있었다. 이전에는 '내가 과연 변할 수 있을까? 나도 할 수 있을까?'라는 생각에 이런저런 불신을 가지고 망설이고 주저했다. 다른 사람보다 출발선이 한참 뒤에 있다는 생각에 주춤하며 멈춰 있었다. 그런 제빈이가 달라졌다. 이제는 다른 사람과의 거리 차보다 느리더라도 열심히 걷고 있는 '나 자신'을 바라보려고 노력한다. 그리고 그런 자신이 참 좋다고 말한다.

내가 나를 존중할 때

"때론 삶이 뒤통수를 때릴지도 모릅니다. 그렇더라도 신념을 잃지 마십시오. 저는 저를 나아가게 하는 유일한 힘이 저에 대한 '믿음',

그리고 제가 한 일을 '사랑'하는 것이라고 확신합니다."

스티브 잡스는 수많은 역경과 고난 속에서도 주저앉지 않을 수 있었던 이유는 바로 "나 자신의 위대함을 믿었기 때문"이라고 말했다. 자신이 하는 일들을 훌륭하다고 믿었고, 그 일을 사랑했다. 그의 말처럼 자신을 사랑하는 '자존감'이 높아야 실패를 해도 좌절하지 않고 미래를 바라보며 달려나갈 수 있다.

자존감의 뜻을 한자로 다시 한 번 살펴보면 '스스로 자(自), 높을 존(尊), 느낄 감(感)'이다. 즉, '스스로를 높이는 마음'이라는 뜻이다. 자존감은 스스로를 높이는 마음이기에 오직 나만이 느낄 수 있는 주관적인 감정이다. 누가 뭐래도 자존감의 수준을 결정하는 것은 나 자신이다. 자존감은 어떤 객관적인 기준에 의해 결정되는 것이 아니라 자기 자신을 얼마나 대단하고 괜찮은 사람으로 여기느냐에 따라 달라지는 것이다.

예를 들어 충분히 예쁜 외모를 갖고 있음에도 스스로 만족하지 못하고 계속 성형수술을 한다거나, 학교에서 전교 1, 2등을 놓치지 않는 학생이 성적이 조금 떨어졌다는 이유로 비관하여 극단적인 선택을 하거나, 돈도 많이 벌고 성공했지만 주변에 사람이 없어 행복을 느끼지 못하는 것은 하나같이 객관적으로 그들이 부족해서가 아니다. 주관적으로 그들이 자기 자신을 부족하다고 느끼기 때문이다. 내가 아닌 타인을 통해 나의 자존감을 인정받으려고 하는 것은 내 삶의 주인으로서 스스로 통제권을 내려놓는 일이다.

《자존감 교육》의 저자 이명경은 "자존감이 높은 사람은 나의 가치와 능력에 대한 확고한 믿음이 있기 때문에 주변에서 원하는 삶이 아니라 자신이 원하는 삶을 살아갈 힘을 갖게 된다"고 말했다. 그만큼 자존감은 내 삶을 주체적으로 이끌어갈 수 있도록 돕는 가장 기본적인 원동력이다. 당장 눈앞에 보이는 시험 문제를 많이 맞히면 대학은 잘 갈 수 있지만, 스스로 자존감 점수를 높이 평가할 수 있다면 인생을 살아가는 동안 행복한 인생의 주인공이 될 수 있다. 자존감은 있는 그대로의 나를 존중하고 나 자신을 믿고 소중하게 여길 때 얻어지는 내면의 힘이다. 자존감의 수준은 오직 나 자신에 의해 결정된다는 사실을 명심하자.

여기서 꿀팁 하나! 살아가면서 약간의 근자감(근거 없는 자신감)은 필요하다! 단, 지나친 근자감은 부작용을 동반할 수 있으니 반드시 주의 바람.

Self Action Plan. 나는 이런 내가 좋아!

나조차 나를 사랑하지 않는다면
그 누구도 나를 사랑하지 않아요.
내가 좋아하는 나의 모습 3가지를 적어보세요.
ex) 나는 나의 웃는 얼굴이 좋아, 나는 성실한 내가 좋아,
나는 개성 있게 생긴 내가 좋아.

부모님이 아닌
내 인생이잖아

덴마크의 미래학자 롤프 옌센은 21세기를 꿈과 감성, 스토리텔링이 지배하는 '꿈의 사회'라고 말했다. 스토리텔링은 강력한 힘을 가진다. 저마다 가진 나만의 스토리는 누군가에게 용기와 희망을 준다. 여러분의 이야기도 마찬가지다. 여러분의 스토리는 누군가에는 또 다른 희망과 감동을 줄 수 있다.

나의 첫 책 《괜찮아, 꿈이 있으면 길을 잃지 않아》는 청소년들의 학업과 진로, 인간관계 등 위기가 닥쳤을 때 스스로 잘 극복하며 자신의 10대라는 골든타임을 지켜낸 청소년 37명의 리얼 스토리를 담은 책이다. 기대 이상으로 반응이 좋아 출간되자마자 청소년 베스트셀러로 등극하면서 지금까지도 꾸준히 청소년들에게 사랑을 받고 있다. 그 이유가 뭘까? 그 책을 읽은 한 청소년 독자가 말했다.

"꿈쌤, 성공한 유명인사의 성공담보다 오히려 비슷한 또래 친구들의 스토리가 더 공감되고 더 마음에 와닿고 힘이 되는 것 같아요."

내가 책 속에 청소년들의 리얼 스토리를 담는 이유다. 내 책을 읽는 청소년들이 '나처럼 이런 고민을 하고 있는 사람이 있구나, 나만 이런 건 아니구나'라며 공감하고 힘을 얻었으면 한다. 이번 책을 집필할 때에도 책 속에 들어갈 스토리 속 주인공을 전국적으로 공개 모집했다.

"자신의 인생을 주도적으로 살아가는 청소년들의 스토리를 공개 모집합니다. 평범하다고 생각하는 여러분의 이야기가 누군가에게는 공감이 되고 힘이 되는 특별한 스토리랍니다. 여러분의 이야기를 들려주세요."

관심을 갖는 친구들은 많았지만 처음에는 좀 망설이거나 주저했다. 대부분 이런 이유로 머뭇거렸다.

"선생님, 제 이야기가 설마 누군가에게 도움이 될까요?"

"어른들은 우리가 아직 어리다고 생각하는데 제 이야기를 보고 비웃지는 않을까요?"

그러던 중 지수라는 친구에게서 메일이 왔다.

"제 이야기도 혹시 가능할지 모르겠지만 저에게 좋은 기회가 될 것 같아 메일을 보냅니다."

그럼, 가능하지! 용기를 내준 지수의 이야기를 흔쾌히 책 속에 담아주고 싶었다. 평범한 나의 이야기가 누군가에 공감이 되고 힘이 될 수 있다고 긍정적으로 생각하는 태도는 자신의 '자존감'을 더 빛나게 만들어주는 힘이다.

부모님이 내 인생을 대신 살아주진 않아

지수는 어렸을 때부터 꿈이 굉장히 많은 아이였다. 3개월마다 한 번씩 꿈이 바뀌고 또 바뀌는 게 일상이었다. 그 정도로 하고 싶은 것도 많고, 되고 싶은 것도 많았다. 그 와중에도 변함없이 맘속에 항상 간직한 꿈은 강연가였다.

지수의 롤모델은 미국 최고의 방송인 '오프라 윈프리'다. 지수는 오프라 윈프리의 동영상이나 책들을 읽으면서 그저 막연하게 무대 위에서 말을 하는 직업에 대한 꿈을 키웠다.

'나도 누군가의 앞에서 강연을 하는 강연가가 될 수 있을까?'

지수는 강연가라는 꿈을 어떻게 이룰 수 있는지 몰라 주변 선생님이나 부모님께 조언을 구했다.

"저는 강연가가 되고 싶은데 어떻게 하면 될 수 있을까요?"

"지수야, 강연은 어떤 분야의 전문가가 되면 자연스럽게 할 수 있어. 그러니 적성에 맞고 스스로 자신 있게 할 수 있는 전문 분야를 먼저 찾아보는 게 좋을 것 같아."

지수는 자신에게 적합한 전문 분야를 찾으려고 애를 썼다. 그런데 아무리 찾아다녀도 자신에게 맞는 직업을 찾기가 쉽지 않았다. 매번 똑같이 3개월마다 다른 직업을 찾아서 전전긍긍하고 있는 자신의 모습에 의기소침하고 자신감이 없어졌다.

사실 지수는 밖에서는 활발하고 자기주장이 강한 외향적 성격이었지만, 엄격하고 무서운 부모님 앞에서는 괜히 소심해지고 자신의 생각을 이야기하기 힘들었다. 그래서 부모님의 뜻에 따라 일반계 고등학교로 진학을 했다.

고등학교 2학년 때에는 한국의 교육제도가 자신에게 맞지 않는 것 같다고 느끼고 부모님 몰래 혼자 미국 대학교 시험을 준비한 적도 있었다. 다른 친구들이 중간고사 시험 준비를 할 때 지수는 혼자 토플과 SAT 시험 준비를 했다. 하지만 부모님은 미국 대학교 등록금과 생활비를 보태줄 형편이 안 되었기에 이에 대해서는 한마디도 꺼내지 못했다. 게다가 남의 도움 없이 혼자서 몰래 준비를 하다 보니 너무 어렵고 힘들었다.

'이번에도 또 포기해야 하는 걸까? 나는 하고 싶은 일이 있어도 항상 포기해야만 하는 걸까?'

지수는 이번에도 또 좌절하고 포기했다. 그렇게 고3이 된 지수는 대학교에 가고 싶지 않았다. 하지만 지수의 부모님은 교육에 대한 열정이 정말 대단하신 분들이었기에 대학을 가지 않는다는 것은 꿈도 못 꿨다. 결국 대학교 지망도 부모님이 원하는 학교와 학과로 썼다. 하지만 지원한 대학에서 다 떨어졌다. 스스로 대학에 대한 갈망이 없었으니, 어찌 보면 당연한 결과였다. 지수의 부모님은 재수를 권유했다. 지수는 재수를 하고 싶지 않았지만 바보같이 또 부모님의 권유대로 학원을 다니며 열심히 공부를 했다.

일단 시작하면 뭐든지 열심히 하는 성격인 지수는 부모님이 원하는 사범대에 들어갔다. 하지만 지수는 기쁘지 않았다. 자신이 그저 부모님의 뜻대로 살아가는 호두까기 인형 같았다. 자기 자신이 참 답답하고 바보 같았다.

'부모님이 내 인생을 대신 살아주지는 않아. 내가 정말 원하는 것

은 무엇일까?'

부모님의 권유로 가고 싶지 않은 대학에 입학했던지라 적응하기도 힘들고, 회의감도 많이 들었다. 그렇게 어영부영 인생을 흘려보내기가 너무 아깝고 아쉬웠다.

'그래, 지금이라도 늦지 않았어. 진짜 내가 하고 싶은 일을 찾아서 내 인생은 내가 살아갈 거야.'

그러다 우연히 모델이라는 직업에 관심이 생겼다. 지수는 망설임 없이 모델 아카데미에 등록을 했다. 6개월 정도 지나니 소속사도 생기고, 모델로서 경험도 조금씩 쌓았다. 하지만 또 다른 시련이 왔다. 패션모델로 서기에는 키가 작아서인지 오디션에서 계속 떨어졌다. 모델로서 마른 몸을 갖기 위해 다이어트를 반복하다 요요가 오면서 점점 지쳐갔다.

'내가 정말 모델을 하고 싶은 걸까? 이 꿈도 그저 스쳐 지나가는 꿈이었을까? 왜 나에게 자꾸 시련만 주시는 건지.'

또다시 찾아온 슬럼프에 지수는 속상하고 힘들었다. 그러다가 갑자기 정신이 번쩍 들었다.

'어쩌다 이렇게 방황을 반복하게 되었나'라는 생각을 하다 보니 진짜 하고 싶었던 일인 강연가의 꿈이 다시 보이기 시작했다. 지수는 자신의 이야기를 들려주는 강연가가 되고 싶었는데 그 방법을 몰라 계속 헤매며 다른 직업을 찾아 방황하던 것이다.

'그래, 나의 꿈은 강연가였어. 다른 직업들을 찾기 위해 방황하는 과정을 통해 얻은 경험과 교훈들은 강연을 할 때 오히려 좋은 거름이 될 수 있을 거야.'

지수는 다시 강연가가 되기로 결심했다. 다른 직업들을 찾아 헤매다 시간이 많이 흘렀지만, 그 시간들이 아깝지 않았다. 왜냐하면 그 방황했던 시간들이 반드시 강연가가 되어야겠다는 확신을 갖게 해주었기 때문이다. 어쩌면 강연가가 꿈이었기에 필연적으로 더 많이 방황하고 더 많이 경험했던 것일지도 모른다. 그동안 꿈을 찾기 위해 방황했던 시간들은 오히려 자신의 진정한 꿈을 찾을 수 있는 기회의 시간이었다.

그렇게 생각을 바꾸고 나니 지수는 마음이 한결 편해졌다. 그동안 부모님이 원하는 대로만 인생을 살아온 것 같아 가끔은 부모님을 원망하기도 했다. 하지만 돌이켜보면 부모님 덕분에 지금의 자신이 있고, 그동안 부모님을 걱정시켜드렸던 것을 생각하니 죄송한 마음이 들었다.

아직 지수는 20대 초반이다. 긴 인생의 출발점에 선 지수가 앞으로 더 많은 경험을 쌓으면서 누군가에게 꿈과 희망을 주는 강연가의 꿈을 꼭 이룰 수 있기를 바라며 힘껏 응원해주고 싶다.

"지수야, 넌 할 수 있어! 꿈을 꼭 이룰 수 있게 꿈쌤이 도와줄게!"

누구나 주인공이 될 수 있어!

여러분과 비슷한 또래 친구들의 강연을 들어본 적이 있는가? 나는 현장에서 청소년들을 만나면서 '청소년들이 서로의 꿈을 응원하는 소통의 장이 마련된다면 얼마나 좋을까'라는 마음에 청소년이 직접 강연을 하는 '청소년 강연 콘서트'를 기획했다. 자신의 생각과 꿈을 표현하며 서로의 꿈을 응원하고 실현시킬 수 있는 기회를 제공해주고 싶었다.

처음에는 "청소년이 강연을 한다고? 가능하겠어?"라며 걱정하고 우려하는 목소리가 많았다. 하지만 청소년 강연 콘서트의 반응은 기대 이상으로 대박이었다. 평범해 보이는 청소년 강연자 한 명, 한 명의 스토리는 특별했다. 친구들에게 자신의 경험을 이야기하며 응원의 메시지를 보내는 강연자 친구들의 모습에서 빛이 났다. 청소년들의 강연은 또래 청소년뿐만 아니라 나와 같은 성인들에게도 자극이 되고 감동을 주었다. 충분히 긍정적인 영향력을 발휘했다. 그들은 자신의 삶을 주도하며 자기 인생의 주인공으로 살아가고 있다. 이 책 속에도 청소년 강연자 친구들의 이야기가 일부 담겨 있다.

내가 이미 가진 것이 무엇인지, 내가 얼마나 많은 가능성을 지니고 있는지 발견해보자. 여러분도 충분히 가능하다. '나는 세상에서 단 하나밖에 없는 특별한 존재'라는 것을 스스로 믿는 순간, 여러분은 이미 누군가에게 공감이 되고 힘이 되는 특별한 스토리의 주인공이다.

Self Action Plan. 내가 책 속의 주인공이 된다면

만약 여러분이 책 속의 주인공이 된다면
나의 어떤 스토리를 담고 싶은가요?
평범하지만 세상에 하나밖에 없는
여러분의 특별한 이야기를 들려주세요!

나도 나를 잘 모르겠어요

•   지난해 겨울이었다. 고등학교 때 함께 활동하던 한 여고생이 대학생이 되어 나를 찾아왔다. 오랜만에 만나서 반가운 마음에 나는 먼저 안부를 물었다.

"잘 지냈어? 꿈에 그리던 대학에 가니까 기분이 어때?"

그러자 그 아이는 잠시 머뭇거리더니 조심스레 말을 꺼냈다.

"선생님, 저 다시 재수를 해야 하나, 아니면 편입 준비를 해야 하나 고민 중이에요."

"무슨 고민이 있나 보구나. 왜 그런 생각을 했어?"

"일단 대학만 가면 될 줄 알았는데 막상 가보니 제가 왜 이 대학에 왔는지, 전공이 나랑 맞는지, 앞으로 뭘 해야 할지 오히려 더 막막해지는 것 같아요. 내가 그동안 뭘 했는지, 의기소침해지고 자존감도 낮아지고 답답해서 선생님께 상담을 하려고 찾아왔어요."

워낙 활동도 열심히 하고 밝은 친구였던지라 어두운 표정이 걱정되어 다시 물었다.

"그럼 지금 하고 싶은 일, 그러니까 가장 원하는 게 뭐야?"

"그러니까, 그걸 저도 잘 모르겠어요. 나조차도 나 자신이 뭘 원하는지 모르겠어요. 그래서 더 답답해요."

자존감도 낮아지고, 어깨도 축 처진 모습을 보니 안타까웠다.

'이 친구에게 내가 어떤 조언을 해주고, 힘이 되어줄 수 있을까?'

내가 답을 알려주기보다는 직접 찾게 해주고 싶었다.

"다시 수능을 본다면 어떤 전공을 선택할 거야? 그것을 전공하려는 이유는 뭐야?"

"요즘 흥미를 느끼는 일은 뭐야?"

"앞으로 무엇을 하면서 살면 행복할 것 같아?"

신기하게도 그 친구는 내가 던지는 질문에 대답을 하면서 스스로 답을 찾아가고 있었다.

"선생님, 이제야 답답했던 제 마음이 풀리는 것 같아요. 그동안 제 자신에 대해 몰라도 너무 몰랐던 것 같아요. 선생님, 제 이야기 들어주셔서 감사해요."

"쌤은 그저 들어주기만 했는걸. 거봐, 답은 결국 네가 찾은 거야."

경영학의 아버지라 불리는 피터 드러커는 "과거의 리더가 이야기를 하는 사람이었다면 미래의 리더는 질문하는 사람이다"라고 말했다.

나는 나 자신을 얼마나 알고 있을까? 나조차도 나를 모를 때 가장 쉬운 방법은 자신에게 질문을 던지는 것이다. 지금 내 모습을 바꾸고 싶다면, 좀 더 나은 내가 되고 싶다면 지금 내가 어떤 사람인지 분명히 알아야 한다. 자신과의 소통은 내 삶의 주인이 되기 위한 나에 대한 가장 기본적인 매너다.

혼자만의 시간, 새벽 성찰

고3 수험생인 세준이는 이과였다. 대부분의 이과 학생들은 "의대에 갈 거야", 아니면 "그냥 공대에 무난히 진학해서 대기업에 들어가야지"라고 진로를 결정하는 경우가 많다. 세준이 부모님 역시 그랬다.

"엄마는 네가 그냥 공대에 가서 무난하게 살았으면 좋겠어, 공무원도 괜찮고 말이야."

부모님의 말씀에 세준이는 항상 "왜?"라고 반문했다.

'대체 왜 세상에는 흥미라는 단어와 특기라는 단어가 존재하는 거지? 어차피 엄마, 아빠도 나보고 이런 직업을 가지라 하고, 사회도 나보고 이런 직업을 가지라 하면서. 그러면 대체 서로의 흥미와 특기는 왜 물어보고 궁금해하는 거지?'

세준이는 엄마가 하라고 정해주는 것은 다 잘못되었다고 생각했다. 어릴 적 피아노 치는 것을 좋아했던 세준이는 초등학교 3학년 때 전국 대회에서 학년 대상을 타면서 '피아니스트'나 '음악 선생님'이라는 꿈을 키워나갔다. 그런데 초등학교 4학년이 되자 엄마가 피아노 학원과 태권도 학원은 모두 그만두고 이제 영어 학원이랑 수학 학원을 다니라고 했다. 당시에는 엄마 말을 잘 듣는 순수한 아이였기 때문에 별 저항 없이 엄마의 뜻을 따랐다. 그렇게 피아노와는 몇 년간 아주 떨어져 멀리 지냈고, 자연스럽게 관심도 줄어들었다. 그러다 중학교 3학년 때 갑자기 피아노가 너무 치고 싶어졌다. 우연히 유튜브에서 피아니스트들이 멋지게 연주하는 동영상을 보고 가슴이 뛰었기 때문이다.

'피아노로 먹고살아야겠다'는 생각보다는 '취미로 하더라도 피아노를 좀 잘 치고 싶다'는 생각이 컸다. 하지만 세준이의 엄마는 강력하게 반대했다.

"이제 고등학교 가야 할 놈이 피아노는 웬 피아노야. 대학교에 들어가고 나서 마음껏 쳐. 지금은 안 돼."

엄마와의 긴 갈등 끝에 세준이는 결국 중학교 3학년 때 다시 피아노 학원을 다니기 시작했다. 영상으로만 보던 피아노 곡을 직접 치니까 너무 흥미롭고 신이 났다. 일주일에 두 번, 한 시간 반 정도씩 치기로 했지만 처음 한두 달은 서너 시간씩 더 남아서 연습할 정도로 정말 피아노에 미친 사람처럼 몰두했다. '아, 난 정말 피아노를 좋아하나보다! 다시 어렸을 때의 꿈을 키워야 하나?'라는 생각까지 들었다.

그러다 석 달이 지나고, 넉 달이 지나면서 점점 지쳐갔다. 학원에서 몇 시간 동안 지치는 줄 모르고 피아노 연습에 흠뻑 빠져 있던 세준이는 언제부턴가 한 시간 반만 딱 치고 후다닥 집으로 돌아왔다. 배우고 싶었던 곡들을 다 배우고 나니 점점 흥미가 없어졌다. 즐거운 취미인 건 맞지만, 평생 좋아할 수는 없겠다는 생각이 들었다.

　사람은 참 변덕스럽다. 내가 뭔가를 좋아하는 것 같다가도 아닌 것 같고, 뭔가를 진짜 하고 싶은 것인지 그저 호기심일 뿐인지 나 자신조차도 모를 때가 있다. 그렇게 생각 없이 시간을 흘려보내다 고3이 된 세준이는 문득 19년을 살아왔는데 아직까지 자기 자신을 잘 모르는 것 같았다.

　'이렇게 나도 날 모르겠는데 누가 나에 대해 알아주겠어. 좀 더 나 자신에 대해 솔직해지고 알아가야겠어.'

　그때부터 세준이는 자신과 대화하기 시작했다. 그 시작은 간단했다. 세준이가 독서실에서 공부를 하고 집에 가는 시간은 15분에서 20분 정도 걸렸다. 항상 집에 갈 때면 빨리 집에 가야 한다는 생각에 어두컴컴하고 고요하고 한적한 밤길을 생각 없이 걷곤 했다. 그러다 어느 날부터 늘 음악을 듣던 MP3를 집어넣고, 집에 가는 길에 자기 자신과 대화를 하기 시작했다. 1인 2역으로 취재진이 인터뷰를 하듯이 말이다.

　"오늘 가장 재밌었던 일은 무엇이었나요?"

　"오늘 슬픈 일이 있었나요?"

　"후회되는 일이 있나요?"

　자신에게 이런 질문을 던지고 아침부터 밤까지의 하루 일과를 곰곰이 돌이켜보며 대답을 하기 시작했다. 점심이 맛있어서 행복했다는, 다소 의미 없는 대답을 하면서 헛웃음을 짓기도 했고, 친구와 싸워서 너무 힘들다고 자신한테 하소연을 한 적도 있다. 무엇보다 그날 하루하루 자신을 지나쳐간 사람들, 자신과 웃으면서 대화했던 사람들이 너무나 소중하고 그 시간이 너무나 행복하다는 것을 새삼 느꼈다. 그런 과정에서 '나는 누군가와 소통할 때 정말 행복하구나'라는 사실도 깨달았다. 친구들하고 대화하며 웃을 수 있는 것, 고민이 있을 때 선생님을 찾아가 상담한 것, 어찌 보면 그냥 하루 중 충분히 있을 수 있는 지극히 평범한 사건들일지도 모르겠지만 자신과 대화를 나누다 보니 그런 일상적인 일에 자신이 행복을 느끼고 있다는 사실을 알게 되면서 그 시간들이 너무 소중해졌다.

자신과 대화를 시작하면서 공대만 바라보던 세준이의 시야가 조금씩 넓어진다는 생각도 들었다. 그리고 세준이는 지금 '교사'라는 꿈을 꾸며 매일 자신과 만나기를 멈추지 않고 있다.

나에게 던지는 질문의 힘

인생을 살아가면서 우리는 수많은 질문에 대답을 해야 한다. 모든 질문에 딱 떨어지는 정답을 말할 필요는 없지만 '왜' 그런 대답을 했는지는 설명할 수 있어야 한다. 중요한 것은 내 삶에 책임을 지고 답변을 하는 것이다. 내가 '왜' 이런 꿈을 갖게 되었는지, 혹은 '왜' 지금 꿈이 없는 건지, '왜' 이걸 좋아하는지, '왜' 이걸 하고 싶은 건지, '왜' 공부를 해야 하는지, '왜' 살아야 하는지를 아는 사람은 그 '어떤' 상황도 견딜 수 있기 때문이다.

지금 '어떤' 대답을 꼭 하려고 하기보다는 자신에게 계속 질문을 던지고 스스로 대답하는 연습을 하다 보면 그 속에서 삶의 의미를 찾을 수 있고, 그 자체만으로도 나만의 스토리가 될 수 있다. 흔히 누군가 꿈을 이루었다는 사실보다 그 사람이 꿈을 이루기 위해 어떻게 노력했는지 그 과정에 더 관심을 갖고 열광하듯이, '꿈'이라는 결과에 조급해하지 않아도 된다. 다만 꿈은 인생이 나아갈 방향을 설정해주고 왜 나아가야 하는지 일깨워주기 때문에 중요하다.

우리는 시험 문제에 대한 정답은 달달 외우면서 정작 나만 알고 있는 나에 관한 질문에는 제대로 답하지 못하고 자꾸 남의 답을 힐끗거리거나 자신의 답을 찾는 것을 어려워한다. '나는 누구인가?', '내가 진정 원하는 것은 뭘까?', '앞으로 나는 어떤 삶을 살기를 원하는 걸까?'처럼 끊임없이 질문을 던지면서 자꾸 생각을 흔들어봐야 내가 무엇을 좋아하고 싫어하는지 알 수 있다.

특별히 시간을 내지 않아도 좋다. 문득 자기 자신이 누군지 궁금해질 때 멍 때리느라 버려지는 아까운 시간을 이용해 자기 자신한테 여러 가지 질문을 던져보고 대답해보자. 자신에 대한 질문에 스스로 대답하며 끊임없이 나 자신과 대화하는 연습을 해야 한다. 어떤 질문을 던져야 할지 고민이라면 '365일 매일 나에게 던지는 질문'이 담겨 있는 나의 두 번째 책《My Dream Diary Book》을 활용해 자신과 만나는 시간을 만들어보는 것도 좋다.

우리는 다른 사람을 기쁘게 하거나 다른 사람에게 인정받기 위해 애쓰느라 정작 자신이 원하는 것이 무엇인지, 자신이 무엇을 위해 뛰고 있는지와 같은 중요한 것을 잊어버리기 쉽다. 청소년들 중에는 자신이 공부하는 이유를, 무언가를 열심히 하는 이유를 '부모님을 기쁘게 해드리기 위해서', '좋은 대학에 가면 인정받을 수 있으니까',

'친구들에게 잘 보이고 싶어서'처럼 '나 자신'이 아닌 타인에게서 찾는 경우가 많다.

스스로 진정 바라는 것이 무언인지 알고, 자기 자신을 이해할 수 있을 때 비로소 자기 삶의 주인이 된다. 그러면 앞으로 나아가야 할 이유가 있기 때문에 쉽게 주변에 흔들리지 않는다. 남의 시선과 주변의 요구와 기대를 그저 따라가기보다는 잠시 멈춰 서 자기 자신에게 물어봐야 한다. 내가 진정 원하고 만족할 수 있는 것이 무엇인지를 알고, 있는 그대로의 자신을 받아들이고 존중할 때 자존감도 높아지고, 자기 자신을 온전히 이해할 수 있다.

학업에 지쳐 학교, 학원, 집을 오가며 다람쥐 쳇바퀴 돌 듯 바쁜 삶 때문에 나 자신을 찾지 못하고 보내고 있는 것은 아닌지 한번 돌아보는 건 어떨까? 나 자신을 가장 잘 알아주고, 내 마음을 가장 잘 이해해줄 수 있는 사람은 바로 '나 자신'임을 잊지 말자.

Self Action Plan. 나를 위한 셀프 인터뷰

나 자신에게 3가지 질문을 던지고 진지하게 대답해보세요.

1. 내가 가장 흥미를 느끼고 좋아하는 것은 무엇인가요?
2. 내가 가장 자신 있고 잘하는 것은 무엇인가요?
3. 나는 어떤 삶을 살고 싶은가요?

나는
참 괜찮은
사람이야

•   그녀는 작은 마을에서 사생아로 태어나 어린 시절 어머니와 아버지의 집을 오가며 불안정한 생활을 했다. 자식에게 관심 없는 엄마와 지내며 마약중독자인 사촌오빠에게 강간을 당했고, 이후로 어머니의 남자친구나 친척 아저씨 등에게 끊임없는 성적 학대를 받았다. 열네 살에 미숙아를 사산했으며, 20대 초반에는 남자 때문에 마약을 하기도 했다. 이런 불행 속에서도 시련과 역경을 이겨내고 그녀는 자신의 이름을 내건 토크쇼를 25년간 이끌며 미국 최고의 '토크쇼의 여왕'으로 등극했다. 다양한 미디어 산업에서 독보적인 존재로 자리매김한 그녀는 '세상에서 가장 영향력 있는 여성'으로 꼽히며 많은 청소년의 롤모델로 자리 잡고 있다.

그녀는 누구일까? 바로 TV 토크쇼의 여왕 오프라 윈프리다. 오프라 윈프리는 나의 롤모델 중 한 사람이기도 하다. 그녀의 저서인 《내가 확실히 아는 것들》을 몇 번이나 반복해서 읽고 밑줄을 쳐가며 얼마나 정독했는지 모른다. 상처를 상처로 끝내지 않고, 희망과 치유의 매개로 가치 있게 활용하는 그녀의 아름다운 인생철학이 닮고 싶었다.

오프라 윈프리가 전 세계적으로 많은 사람에게 영향력을 주고 사랑받을 수 있는 이유는 단순히 말을 잘하거나 방송을 매끄럽게 이끄는 진행 능력 때문만은 아니다. 그녀는 누구보다 다른 사람의 말에 잘 공감해주며, 타인의 상처를 어루만질 줄 아는 사람이기에 많은 사람의 사랑을 받게 되었다. 그녀가 그럴 수 있었던 이유는 있는 그대로의 자기 자신을 존중하고 그 누구보다 자기 자신을 사랑할 줄 알기 때문이다. 그녀는 말한다.

"나를 향한 다른 이들의 시선과 사랑에 기대지 말자. 나 자신을 행복으로 이끄는 것은 내가 나를 보는 시선, 내가 나와 맺는 관계다."

누군가에게 사랑받기만을 기다리고 원하기 전에 나 스스로 내 존재를 존중하고, 있는 그대로 사랑해줄 때 자주적인 삶을 살아갈 수 있다. 그 전제가 되어야 하는 것이 바로 '자존감'이다. 자존감이란 나 스스로를 소중히 여기고 사랑할 줄 아는 태도를 말한다. 있는 그대로의 나를 존중하고 사랑하는 힘, 자존감으로 나를 단단하게 무장해보자.

내가 정말 원하는 것은 무엇일까?

민교는 교내 댄스 동아리 활동을 했다. 또래 친구들 사이에서는 댄스 동아리가 멋져 보였지만, 아무래도 주변에서 바라보는 시선은 그리 좋지 않았다. 학교 선생님들과 부모님들을 포함한 많은 어른들은 공부 못하는 아이들이 춤, 음악 등의 예체능 분야로 진학하기를 희망한다고 생각했다. 자연스럽게 댄스 동아리는 단지 공부 못하는 아이들이 모여 노는 일종의 도피처라는 편견을 갖고 바라보는 어른이 많았다. 민교는 당시에 성적이 조금 좋았던 터라 담임선생님은 민교의 댄스 동아리 활동을 반대했다.

"민교야, 지금 성적이 좋은데, 아무래도 댄스 동아리를 하면 좀 떨어질 수 있으니 그만두는 것이 어떻겠니?"

집에 오면 부모님 또한 댄스 동아리를 그만두라고 권했다.

"너는 하라는 공부는 안 하고 무슨 댄스 동아리야? 당장 그만둬!"

학교와 집에서 대부분의 시간을 보내는 고등학생에게 이런 압박은 치명적인 스트레스로 다가왔다.

'부모님이 이렇게 반대하시는데 댄스 동아리 활동을 꼭 해야 할까? 내가 정말 원하는 것은 무엇일까?'

그럼에도 민교는 쉽사리 그만두고 싶지 않았다. 댄스 동아리는 민교가 난생 처음으로 자신이 하고 싶어서 자발적으로 시작한 활동이었다. 하지만 부모님과 선생님의 반대 속에 동아리 활동을 계속할 수는 없다고 생각했다. 민교는 다른 대안을 고민했다. 이대로 포기할 수는 없었다.

'나는 춤출 때 스트레스도 풀리고 너무 즐거워. 공부도 포기하지 않으면서 댄스 동아리를 계속할 수 있는 방법은 없을까?'

민교는 스스로 그러한 상황을 바꾸어나가야겠다고 결심했다. 댄스 동아리 활동을 하면서도 학업 성적을 잘 유지할 수 있다는 것을 보여주고 싶었다. 그래서 민교는 동아리 부장을 맡아 부원 친구들을 독려하면서 비록 성적이 눈에 띄게 오르지는 않더라도 학교생활에 충실히 임하는 모습을 보였다. 절대 탈선하지 않고 올바른 선에서 동아리 활동을 하는 모습을 보이고 싶어 오히려 교내 경시대회나 행사 등에도 더 충실하게 참여했다. 민교의 노력 덕분인지 댄스 동아리에 대한 인식이 조금씩 긍정적인 방향으로 바뀌기 시작했다. 선생님의 인식도 조금씩 바뀌며 응원해주기도 했다.

"민교가 학업도, 동아리 활동도 열심히 하는 모습을 보니 선생님이 괜한 걱정을 했던 것 같구나. 열심히 해보렴."

이제 댄스 동아리는 학업 포기자들의 모임이 아닌, 댄스 진로 희망자를 위한 진로 및 취미 동아리로 인정받게 되었다. 주변의 인정을 받자 성취감도 높아지고 자신감이 생겼다. 무엇보다 민교 스스로 '그래, 나도 참 괜찮은 사람이구나'라는 생각이 들었다. 자존감도 점점 높아지고 행복함도 느꼈다. 이러한 경험들은 대학교에 진학 후 교육봉사나 청소년 지도 활동으로 이어졌다. 청소년들을 만나면서 민교는 자신이 원하는 일은 무엇인지 자신의 진로에 대해서도 곰곰이 생각해보게 되었다.

'나처럼 자기가 하고 싶은 일과 주위의 반대 사이에서 방황하는 청소년들이 생각보다 훨씬 많네. 그중 단 한 명이라도 자신이 진정

하고 싶어 하는 일을 찾을 수 있도록 돕는 사람이 되고 싶어.'

민교는 이제야 자신이 정말 원하는 것을 발견한 것 같아 기쁘다.

내가 원하는 진짜 내가 되는 법

세계적인 자기계발 전문가 브라이언 트레이시가 내한 강연을 왔을 때 이런 이야기를 했다.

"스스로를 얼마나 중요하게 생각하느냐에 따라 자신에게 일어나는 모든 일들이 결정된다. 스스로 중요한 사람이라고 생각하면 자신을 더 좋아하게 된다. 스스로를 더 좋아하면 스스로에 대해 더 높은 목표를 세우고, 더 지속력을 가지며, 또 자신을 더 좋아하는 만큼 남도 더 좋아하게 된다."

민교가 만약 자신이 원하는 일이 무엇인지 제대로 파악하지 못했다면 댄스 동아리 활동을 쉽게 포기했을지도 모른다. 자신이 정말 원하는 일이 무엇인지 알고, 그 목표를 포기하지 않고 어려움 속에서도 스스로를 믿고 극복해나간 민교의 노력은 결국 자기 자신을 존중하고 사랑하는 마음이 있었기에 가능하다. 자존감이 높은 사람들은 자신이 목표하고 성취하고자 하는 것을 '마음속에 그리는 능력'이 있다. 그리고 그것을 차근차근 실현해나가며 자기 자신을 믿고, 어떤 난관 속에서도 극복해나가려고 노력한다. 자신이 원하는 것에 귀 기울이고, 자신을 존중하고 소중히 여기다 보면 덩달아 자존감도 높아지고, 자기가 원하는 모습에도 한 걸음씩 다가

가게 된다.

이처럼 내 인생은 외부환경이나 타인에 의해 끌려다니는 것이 아니라 스스로 결정하고 이끌어가는 것이다. 부모님이나 친구 등 타인에 의존하며 따라가는 수동적인 삶이 아니라 나 자신을 아끼고 사랑하며 내 삶을 이끄는 셀프 리더가 되어야 내 인생의 주인이 될 수 있다. 삶을 이끄는 것은 결국 나 자신이다.

누군가를 만족시키는 삶이 익숙한 사람에게 지금 필요한 것은 있는 그대로의 자신을 바라보고 인정해주는 연습이다. 더 이상 누군가가 "너는 참 괜찮은 사람이야"라고 말해줄 것을 기다리지 말자. 그리고 자신에게 따뜻하게 말해주자.

"나는 참 괜찮은 사람이야."

Self Action Plan. 넌 참 괜찮은 사람이야. 셀프 칭찬하기!!

오글거리면 좀 어때요! 그만큼 내 자존감은 쑥쑥 자랄 거예요.
내 이름을 부르며 "넌 참 괜찮은 사람이야!"라고 말해주세요.
그리고 오늘 하루 수고한 나 자신을 향해
칭찬을 듬뿍 해주세요.
내가 스스로를 사랑하고 인정해주는 만큼
나는 더 빛나는 사람이 될 거예요.

스스로를
사랑하는 일에
서툰 나에게

•　학창 시절, 나는 어서 어른이 되고 싶었다. 학교 안에 갇혀 공부만 해야 하는 것이 너무 싫었다. 하고 싶은 것이 있어도 "지금은 공부나 해. 대학 가서 해도 늦지 않아"라는 말로 포기할 것을 강요당하면 불공평하다는 생각이 들었다.

영화 〈스트럭 바이 라이트닝(Struck by Lightning)〉을 보면 "어른이 된다는 건 세상이 불공평하다는 걸 깨닫게 되는 거야"라는 대사가 나온다. 많은 공감이 되었다. 어른이 되어가는 과정에서 넘어지면 다시 훌훌 털고 일어서며 자존감이 더욱 단단해지는 사람이 있는 반면, 넘어지면 일어서지 못하고 점점 약해지는 사람도 있다. 이들은 스스로 '나는 소중한 사람이 아니다'라고 생각하며 의기소침해지기도 한다. 또 자존감과 자존심을 착각하고 자존감이 아닌 쓸데

없는 자존심을 내세우기도 한다.

"자존감이 떨어져서 너무 속상해."

"자존심이 상해서 너무 속상해."

이 두 문장에서 '자존감'과 '자존심'의 차이는 무엇일까? 한 글자 차이지만 두 단어의 느낌도, 의미도 완전히 다르다. 자존감이 온전히 자신에게 집중하며 있는 그대로의 나를 존중하고 사랑하는 태도라면, 자존심은 남과의 비교를 통해 자신을 높이려는 마음이다. 비슷한 듯 보이지만 두 단어를 잘 살펴보면 자존감은 '내'가 세우는 것으로 자신에게 존중받고자 하는 마음인 반면에, 자존심은 '남'이 세워주는 것으로 상대에게 존중받고자 하는 마음이다. 결국 두 단어의 차이는 내 마음의 주인이 '내'게 있느냐, '타인'에게 있느냐에 있다.

사람은 누구나 자기 잘난 맛에 산다고도 하는데, 우리는 생각보다 자기 자신을 사랑하는 것에 참 서툴다. 자존감이 강한 사람은 남들이 뭐라고 하든 '그래도 이 정도면 잘한 거야', '나는 참 괜찮은 사람이야'라고 생각하며 있는 그대로의 자신을 소중하게 여기고 스스로를 지킬 수 있다. 이들은 온전히 나 자신에게 집중하며 자기가 갖고 있는 재능이나 강점에 관심을 갖고 어떻게 활용해나갈지 고민하고 노력한다. 반면에 자존심만 강한 사람은 늘 자신의 부족한 점을 신경 쓰기 때문에 그 약점을 들키지 않으려고 방어적 태도를 취한다. 이들은 자꾸 남과 자신을 비교하며 나에게 없는 것에 대해 열등감을 느끼고 속상해하기만 한다.

어른이 되어가는 과정 속에서 친구들과 경쟁하면서 자존심이 상할 때도 많고, 성적이나 외모로 인해 자존감이 떨어져서 의기소침해질 때도 있을 것이다. "야, 그건 좀 아니다", "너 좀 별로였어"라는 친한 친구의 말 한마디에 자존감이 와르르 무너지고 자존심이 상하기도 한다. 누군가는 이런 과정 속에서 자존감이 더욱 단단해지는가 하면, 누군가는 자존감이 점점 약해지며 쓸데없는 자존심만 내세운다.

지금 여러분에게 필요한 것은 무엇일까? 그렇다. 자존심이 아니라 자존감이다. 나의 가치는 내가 만드는 것이다. 자존심을 버리고 자존감을 키울 때 내 마음의 진정한 주인이 될 수 있다. 그런 과정 속에서 어른이 되어가는 것은 아닐까?

국·영·수 성적보다 자존감이 더 중요해

사랑이는 초등학교 때까지만 해도 자존감이 강한 아이였다. 그 누구보다 용기 있고 자존감이 높았던 사랑이가 자존감이 자꾸 낮아져 비틀대던 시기가 있었다. 중학교에 입학 후 적응도 어렵고, 성적이 예상보다 많이 떨어졌기 때문이다. '내가 최고다!'라고 생각하며 늘 자기 자신을 소중히 여기던 아이였는데, 어느 순간부턴가 그런 마음은 온데간데없이 사라졌다. 자신이 초라하게 느껴져서 적극적으로 나서지 않게 되었고, 의지도 약해졌다. 점점 자존감이 낮아졌다.

예전으로 돌아가고 싶었다. 활발하고 유쾌한 사람들을 보면 '나도 전에는 저랬는데' 하고 그리워했다. 책을 읽으며 힘이 되는 글도 많이 찾아보고, 자존감을 높이기 위해 많은 노력을 했다. 하지만 아무리 마음을 굳게 먹고 다짐을 해도 금방 주눅이 들며 약해지는 자신을 발견했다.

처음엔 그저 성적 문제라고 생각했지만, 아니었다. 이제는 마음의 문제가 되어버린 것이다. 사랑이는 점점 우울해지고 더 이상 힘이 나질 않아 방황했다. 그러다 우연히 친구들도, 또 다른 많은 사람도 자신과 비슷한 고민을 하고 있다는 것을 알게 되었다. 모두들 제각기 고민과 걱정을 안고 있었다. 자신처럼 괴로워하며 밤에 잠 못 들기도 하고, 누군가에게 기대어 펑펑 울고 싶어질 때도 있다는 것을 알고는 놀랐다. 그들에게도 버티기 힘든 순간이 있다는 사실에 자신도 모르게 꼭 안아주며 힘이 되어주고 싶었다. 사랑이는 그때 문득 이런 생각이 들었다.

'안아주고 싶다, 나를.'

힘들어하는 사람을 보면 안아주고 싶은 마음이 드는 것처럼 나도 힘이 들 때에는 가장 먼저 내가 안아줘야 한다는 것을 말이다.

'그래, 세상에 소중하지 않은 존재는 없어. 성적이 좀 안 좋으면 어때? 최선을 다하는 모습이 얼마나 사랑스러운데! 그래, 나도 충분히 사랑받을 자격이 있어!'

사랑이는 잠시 잊고 있던 자신의 마음에 귀를 기울이고, 자기 자신을 꼭 안아주기로 했다. 그러자 마음이 한결 편해졌다. 당장 성적이 오르거나 성격이 달라지지는 않았지만, 서서히 자존감을 회복할 수 있을 것 같은 느낌이 들었다.

사랑이처럼 불안함과 초조함에 잠 못 이루는 친구들이 있을 것이다. 포기하고 싶을 땐 잠시 주저앉아도 괜찮다. 앉아서 하늘도 바라보고, 바람도 느껴보고, 눈앞에 보이는 풍경도 구경하고, 그렇게 마음의 안정을 되찾고 나서 그때 다시 일어나도 된다.

나 자신에게 너그러운 태도

자존감은 하루아침에 강해지지 않는다. 매일매일 겪는 크고 작은 일들 속에서 작은 성취감을 느끼고, 나 자신에 대해 만족하며, 소소한 것에 감사하고 기뻐하는 마음들이 차곡차곡 쌓이면서 자존감도 조금씩 강해진다. 그렇게 만들어진 자존감은 앞으로 인생을 살아가면서 만나게 될 시련이나 위기로부터 나를 지켜주는 든든한 방패가 된다. 그런데 우리가 오해하고 있는 사실이 있다. 자존감만 높으면 뭐든 잘 해결될 것이라고 생각하는데 실은 그렇지 않다.

자존감이 낮으면 괜히 의기소침해지고 자신감이 떨어져 이것이 모든 문제의 원인처럼 느껴지기도 한다. 하지만 힘든 상황을 이겨내게 해주고 더 나은 나를 만들어준다고 믿었던 자존감이 사실은 기대만큼 큰 효과를 발휘하지 못하는 경우도 있다. 진정으로 건강한 자존감을 얻고 싶다면 자존감에 대한 강박관념에서 벗어나야 한다.

자꾸 타인과 나를 비교하다 보면 나의 부족한 모습에 자존감이 점점 무너진다. 《나, 지금 이대로 괜찮은 사람》을 쓴 박진영 작가는 자존감을 맹목적으로 추구하는 대신, 내가 어떤 모습이든 자신에 대한 평가를 멈추고 스스로에게 너그러워지라고 말한다. 내가 시험을 못 봤든 잘 봤든, 자격증 시험에 붙었든 떨어졌든, 외모가 맘에 들든 들지 않든 상관없이, 나 자신이 멋지지 않고 사랑스럽지 않을 때조차, 아니 그럴 때일수록 더욱더 나를 있는 그대로 사랑하고 봐줄 수 있는 '나 자신에 대한 너그러운 자존감'이 필요하다.

나의 모든 모습을 사랑할 필요는 없다. 나의 단점은 단점대로, 장점은 장점대로 있는 그대로의 '나'를 지금 이대로도 괜찮은 사람이라고 여기며 스스로를 사랑하는 일에 서툰 나 자신에게 조금 더 친절해지자.

김용택 시인은 시 〈마음을 따르면 된다〉에서, 밤하늘의 별은 우리 눈에 보이지 않을 뿐, 모든 별이 다 빛을 낸다고 했다. 그저 우리 눈에만 어떤 별은 더 빛나고 어떤 별은 더 희미할 뿐, 모두 다 저마다의 빛을 내고 있다. 별들은 각자의 자리에서 빛을 낸다. 다른 별의 자리를 탐하거나 경쟁하지 않는다. 그저 자신의 자리에서 자신만의 방법으로 빛을 내며 그저 존재만으로도 빛나고 아름답다. 우리도 마찬가지다. '나는 존재만으로도 참 소중해. 나는 참 괜찮은 사람이야'라는 믿음을 갖고 자신만의 색깔로 빛을 내보자.

저마다 자신이 가진 빛을 소중히 여기며 자신의 자리에서 빛을 낸다면 수많은 별들이 가득한 밤하늘에서도 여러분의 별은 반짝이고 빛날 것이다.

다음 10문항에 해당하는 나의 점수를 체크해보세요!

(전혀 아니다 1점 / 대체로 그렇다 2점 / 그런 편이다 3점 / 매우 그렇다 4점)

1. 나는 다른 사람만큼 가치 있는 사람이다.

2. 나는 별 어려움 없이 내 마음을 결정할 수 있다.

3. 나는 장점을 많이 가지고 있다.

4. 나는 다른 사람들만큼 일을 해나갈 수 있다.

5. 나는 행복한 사람이다.

6. 나는 나 자신을 잘 안다.

7. 나는 쉽게 포기하지 않는다.

8. 나를 좋아해주는 사람이 많다.

9. 나는 스스로에 대해 긍정적인 태도를 갖는다.

10. 나는 현재 내가 하는 일에 만족한다.

※ 체크한 항목의 숫자를 더해보세요.

10~19점: 자존감이 낮은 편에 속함

20~29점: 자존감이 보통 수준

30점 이상: 건강하고 바람직한 자존감

나의 자존감은 몇 점인가요?

낮은 점수가 나왔다고 실망하지 마세요.

자존감은 그 누구도 아닌 내가 스스로 선택하는 것이랍니다.

있는 그대로의 나를 존중하고 믿어주세요.

그것이 자존감을 높이는 가장 빠른 지름길이랍니다.

어떻게 해야
자존감이
높아질까요

"어떻게 하면 자존감을 높일 수 있죠?"

학생들에게 이런 질문을 꽤 많이 받는다. 그럼 나는 이렇게 대답한다.

"자신에게 꿈을 선물해봐. 그 꿈은 나를 더 가치 있게 만들어주고 빛나게 해줄 거야."

꿈은 자존감을 높이는 최고의 방법 중 하나다. 지금은 이 말을 자신 있게 할 수 있지만 하고 싶었던 것도, 꿈도 없었던 고등학교 시절의 나 역시 누군가로부터 "꿈을 가져라"라는 말을 들으면 이렇게 반문하곤 했다.

"왜 꿈을 꼭 가져야 하나요?"

꿈을 왜 가져야 하는지, 꿈을 어떻게 발견해야 하는지 그 이유와 방법도 모른 채 막연하게 꿈을 생각하려니 답답하고 막막했다. 내 꿈이 뭔지 생각할 여유조차 주지 않는 현실을 탓하기만 했다.

나는 좌절의 연속이었던 10대의 끝자락에 우연히 내 삶에 대해 진지한 고민을 하게 되었다. 앞으로 어떻게 살아가야 할지, 어떤 삶을 살고 싶은지 꿈을 꾸자 하나둘 조금씩 달라지기 시작했다.

일과 육아를 병행하며 바쁜 일상 속에 정신없이 살아가는 내게 활력을 주는 원동력 역시 '꿈'이다. 하루하루 살아가기도 바쁜데 무슨 꿈 타령이냐며 배부른 소리 한다고 누군가는 콧방귀를 뀌며 비웃을지 모르겠다. 우리가 흔히 정의하는 '꿈'으로만 생각하면 당연히 그럴 수도 있다.

대부분 "꿈이 무엇인가요?"라고 물으면 선생님, 경찰, 웹툰 작가, 가수 등의 직업을 말한다. 하지만 꿈은 단순히 직업을 뜻하는 것이 아니다. 직업은 그저 그 꿈을 이루어가는 과정에서 경험하는 하나의 수단일 뿐이다. 꿈이란 내 인생의 방향이고, 나를 가치 있게 만들어주는 원동력이다. '내가 어떤 꿈을 꾸느냐'에 따라 내가 살아가는 인생의 방향이 달라진다. 꿈을 갖는다는 것은 단순히 직업을 선택하는 것이 아니라 앞으로 어떤 삶을 살 것인지, 어떻게 살아가고 싶은지 내 인생의 방향을 자기 주도적으로 선택하는 것이다.

"오랫동안 꿈을 그리면 그 꿈을 닮아간다."

소설가 앙드레 말로가 말했다. 꿈이란 나의 미래의 그림이다. 내가 어떤 삶을 살고 싶은지 가슴속에 꿈을 품어보자.

꿈이 내 인생의 방향을 결정한다

서희는 중학교 2학년 때 '솔리언또래상담'이라는 프로그램에 참여했다. 그때 다른 부원들과 토론하며 여러 상담 기법도 배우고, 또래와 비폭력적으로 소통하는 방법도 배우게 되었다. 낯선 친구에게 먼저 다가가 친한 친구가 되어주기도 하고, 고민을 들어주고 함께 해결 방안을 찾기도 하면서 서희는 또래들이 어려움을 극복할 수 있도록 돕는 경험을 했다. 이후 '청소년 상담 활동'은 중학교와 고등학교의 따분한 학교생활에서 벗어나게 해주는 소중한 돌파구가 되었다.

서희는 친구들의 마음에 공감하며 그들과 소통하는 스스로가 대견하고 뿌듯했다. 가장 자신 있고 즐길 수 있는 청소년들과의 소통을 지속하고 싶은 마음에 서희는 청소년 심리상담사라는 꿈을 가지게 되었다.

고등학교에 진학 후 또래 상담 활동과 교내 심리학 동아리 부기장, 화성시 고등학교 심리학 동아리 연합회 대표, 화성시청소년수련관 소속 청소년 강연기획단 활동 등 진로와 관련된 활동을 진행하며 다양한 청소년들과 소통하고자 노력했다. 스스로 열정을 가지고 활동을 한다면 꿈에 더 가까워질 줄 알았다. 하지만 동아리 부원과의 사소한 다툼과 갈등, 청소년 심리와 관련된 활동이라면 무조건 가리지 않고 습관처럼 참석하는 자신의 모습에 스트레스만 쌓여갔다.

서희는 무엇이 문제였을까? 문득 서희는 청소년들이 정작 관심을 가질 만한 문제나 고민에 대해서는 생각하지도 않고, 심리와 관련된 지식을 쌓기 위한 활동만 기계적으로 반복하고 있었다는 것을 알게 되었다. 소통하는 청소년 심리상담사가 되겠다고 자신하던 서희는 오직 심리 관련 지식만 머리에 쏟아붓고 있었던 것이다.

잘못을 깨달은 서희는 청소년들이 주로 고민하고 관심을 가질 만한 특색 있는 경험을 쌓는 것을 첫 번째 목표로 삼았다. 그리고 자신만의 작은 프로젝트를 실행했다. 지난 실수를 반복하지 않기 위해 자신의 꿈에 방향성을 심어준 것이다. 단순히 청소년 심리상담사라는 직업을 꿈꾸는 것이 아닌, 어떤 가치와 생각을 가지고 이 일을 하고 싶은 것인지 스스로 되새겼다. 자신의 꿈에 방향성을 심어주자 구체적인 계획도 세울 수 있었다. 학교에서도 상대적으로 소통이 활발하지 않은 친구들을 찾아 집중적으로 도울 방법을 찾으려고 노력했다. 농아인을 위한 수어 통역 상담을 비롯해, 다문화가정을 위한 문화 교류 상담, 예체능 관련 진로를 생각하고 있는 학생을 위한 진로 성취 상담 등 적극적으로 자신의 꿈과 관련된 경험을 쌓았다.

그리고 이제 서희는 대학생이 되어 청소년 심리상담사를 좀 더 깊게 연구할 수 있는 학과에 진학했다. '모든 청소년들의 소통 빈부 격차를 줄이는 사람이 되고 싶다'는 꿈을 가지고 대학교에 입학한 서희는 여전히 자신의 꿈을 향해 바쁜 대학 생활을 보내고 있다. 서희의 다이어리를 보면 자신의 꿈을 향한 다양한 활동과 관련된 계획들이 빼곡히 적혀 있다. 하지만 서희는 힘들기는커녕 자신의 꿈에 한 걸음씩 다가갈 수 있는 지금 이 순간이 너무 즐겁고 행복하다.

진짜 변화는 내면에서 시작하는 것

전 세계적으로 가장 존경받는 리더십 이론의 권위자이자 조직개발 컨설턴트로서 〈타임〉지에 미국에서 가장 영향력 있는 25인 중한 사람으로 선정된 《성공하는 사람들의 7가지 습관》의 저자 스티븐 코비 박사는 셀프 리더십의 원조라고 할 수 있다. 리더십과 관련된 기존의 책들이 타인을 통솔하는 것만을 리더십이라고 정의했다면, 스티븐 코비 박사는 스스로를 통제하는 이른바 '셀프 리더십'이라는 독특한 개념을 처음으로 소개한 사람이다.

"참된 변화는 내면에서부터 시작되어야 한다."라는 스티븐 코비박사의 말처럼 셀프 리더십은 내적인 변화를 강조한다. 내가 중심이 되는 자기 주도적인 삶이란 자신만의 삶의 원칙을 세우고, 스스로를 관리하고 통제하면서 실천하는 것을 말한다. 이런 내적인 변화에 긍정적인 시너지를 줄 수 있는 것이 있다. 바로 자기 충족적 예언(Self-Fulfilling Prophecy), 줄여서 '자성 예언'이라고도 부른다. 이는 미국의 사회학자 로버트 머튼이 처음 사용한 용어로, 평소 자신의 다짐이나 소망을 적어 외우면 그 간절한 기대가 마음의 힘, 정신의 힘을 발휘한다는 것을 뜻하는 용어다. '나쁜 일이 벌어질 것이다'라고 예상하면 그대로 나쁜 일이 벌어지고, '좋은 일이 생길 거야'라고 믿으면 실제로 성공으로 이어진다는 원칙이다. 실제로 성공한 사람들은 대부분 꿈을 향한 자기만의 원칙을 세우고, 그것을 실천하기 위해 자기 자신을 통제하고 관리하며 실천해나갔다.

예를 들어 세계적인 영화감독 스티븐 스필버그는 열두 살 때부터 영화감독이 되어 아카데미 시상식에 참석하는 모습을 생생하고 간절하게 상상했다. 그리고 9년 뒤, 유니버설 스튜디오에서 그와 열정적인 이야기를 나누던 한 갑부와 결탁하여 아카데미의 꿈을 이루었다.

또 다른 예로 할리우드의 유명배우 짐 캐리에 관한 일화를 들 수 있다. 가난한 노동자의 아들로 태어난 영화배우 짐 캐리는 지독한 가난 속에서도 늘 배우를 꿈꿨다. 영화에 캐스팅도 잘 안 되고, 일이 잘 풀리지 않아 포기하고 싶을 때 그는 할리우드에서 가장 높은 언덕으로 올라갔다. 그리고 소위 문방구 수표첩을 꺼내 스스로에게 천만 달러를 지급한다는 서명을 했다. 수표 지급 일자는 5년 뒤 1995년 추수감사절이라고 적어 넣고서 그 수표를 늘 지갑에 간직하고 다녔다. 마침내 5년 뒤 1995년 추수감사절에 영화 〈배트맨 포에버〉의 개런티로 그는 정확히 천만 달러를 받게 되었다. 자신에게 천만 달러를 지불하겠다는 약속이 결국 실현된 것이다.

"말이 씨가 된다"라는 옛말처럼 스스로 이루고자 하는 바를 굳게 믿고 계속 반복해서 말하다 보면 결국 그 믿음이 현실로 이루어질 수 있다. 자성 예언이 꼭 거창할 필요는 없다. 그저 나 자신에게 긍정적인 영향을 주는 문장이면 충분하다. 나 역시 나의 자성 예언문을 눈에 자주 보이는 곳에 붙여두고 마음속으로 늘 다짐한다.

"나는 누군가에게 긍정적인 영향을 주는 사람이다."
"나는 청소년의 꿈 멘토다."
"나는 매일 크고 작은 것에 감사하며 행복을 느낀다."

"나는 내가 하는 모든 일에 정성을 다한다."

내 꿈에 날개를 달아주는 자성 예언은 나의 꿈을 현실로 만들어주는 든든한 힘이 된다. 밑져야 본전이다. 속는 셈 치고 한번 꿈쌤을 믿어보자.

파울로 코엘료의 대표적인 소설 《연금술사》에 나오는 명대사가 떠오른다.

"자네가 무언가를 간절히 원할 때 온 우주는 자네의 소망이 실현되도록 도와준다네."

Self Action Plan. 나만의 자성 예언 만들기

주어는 '나'! 내용은 '긍정적'으로! 시제는 '현재형'으로!

최소 3개 이상의 자성 예언을 만들어보세요.

ex) 나는 내 인생의 주인공이다. 나는 멋지고 훌륭한 사람이다.

나는 포기하지 않고 꼭 나의 꿈을 이룬다.

Dream Talk 꿈 인터뷰

꿈쌤: 서희야, 안녕! 오늘은 어떤 하루를 보내고 있니?

서희: 꿈쌤! 저는 지금 일본군 위안부 소녀상 국토대장정 중입니다! 날씨는 덥지만 좋은 사람들과 의미 있는 활동에 함께 참여하게 되어서 너무 기분 좋은 하루를 보내고 있어요.

꿈쌤: 역시 동에 번쩍, 서에 번쩍 바쁜 서희! 고등학생 때부터 지켜본 서희를 대학생이 돼서도 자주 볼 수 있어서 쌤은 참 기뻐. 청소년기 때는 참여 청소년으로, 대학생이 돼서는 서포터즈로 정말 많은 활동을 하고 있잖아. 힘들지는 않니?

서희: 다양한 활동은 생각을 실천으로 옮길 수 있는 기회가 되어 저를 더 열심히 움직이게 하는 것 같아요! 청소년기 때 청소년수련관을 만나며 다양한 생각과 가치를 다른 청소년들과 공유할 수 있었는데 너무너무 색달랐어요! 무언가 새로운 문을 두드려보는 느낌? 원하던 활동을 끊임없이 지속할 수 있다는 것은 큰 행운이라고 생각합니다!

꿈쌤: 늘 밝고 적극적이라서 정말 예뻐. 서희는 자신의 어떤 점이 좋아?

서희: 히힛, 예쁘게 봐주셔서 감사합니다. 저는 제가 좋아하는 활동에 전념하고 꾸준히 발전하려 노력하는 제 모습을 발견할 때 가장 기특한 것 같아요. 특히 요즘은 대학생 서포터즈로서 청소년을 만날 때가 가장 저다워진다고 생각해요.

꿈쌤: 잘 성장하고 있는 서희 모습에 쌤이 괜히 흐뭇하네. 서희는 스케줄 관리도 참 잘하는 것 같은데 자신만의 노하우가 있니?

서희: 저는 원래 일정 관리를 제대로 하지 않았는데, 다양한 활동을 동시에 진행하면서 관리를 하게 되었어요. 스케줄을 정리할 때 단순히 시간을 채우는 것이 아니라 생각을 정리하는 기회로 삼기도 해요! 하루 활동을 정리하다 보면 다양한 생각이 들 때가 있는데, 이때 마구마구 적기도 합니다! 물론 정리한 아이디어를 바탕으로 앞으로 어떤 생각으로 프로그램에 임할 것인가도 생각해보게 되는 것 같아요!

꿈쌤: 오, 멋진걸! 이렇게 멋진 서희는 어떤 꿈을 지니고 있니?

서희: 저는 다양한 활동에서의 시도를 통해 단단한 생각을 가지고 청소년들과 소통하며 부딪히는 청소년지도사가 되고 싶어요! 오래도록 청소년들의 마음에 남는 프로그램도 개발하고 싶어요.

꿈쌤: 자, 마지막으로 서희처럼 자신의 꿈을 향해 많은 활동이나 도전을 하고 싶어 하는 친구들에게 해주고 싶은 한마디는?

서희: 다양한 활동을 경험하는 것도 좋지만, 단순히 경험으로만 그치는 것이 아니라 그것을 통해 자신을 발견하고 관리하는 것도 중요하다고 생각해요. 지속적인 스케줄 관리와 활동 후 생각을 스스로 정리할 수 있는 혼자만의 시간도 필요해요! 그래야 오래도록 지치지 않고 새로운 목표를 갖는 계기를 만들 수 있는 것 같아요. 차근차근 쌓은 경험과 노력은 어디에든 유용하게 활용할 수 있다는 점을 잊지 마세요!

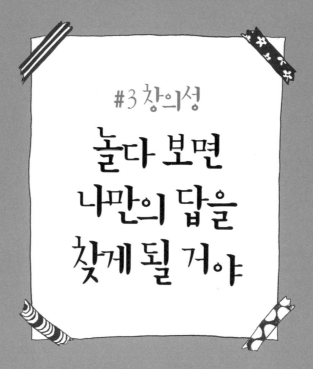

#3 창의성
놀다 보면
나만의 답을
찾게 될 거야

"우리의 인생은 우리가 생각한 대로 이루어진다."
- 마르쿠스 아우렐리우스 -

푸르메

쌤, 저는 정말이지 역사가 넘 재밌어요. 역사 공부만 실컷 했으면 좋겠어요.

 꿈쌤

쌤은 역사가 너무 어렵던데, 역사 덕후는 역시 다르구나!

푸르메

그런데 좀 고민이에요. 요즘은 '창의성'이 중요하다는데 저는 역사라는 한 분야만 파고 들다 보니 창의성과는 거리가 멀어지는 것 같아서요. ㅠㅠ

 꿈쌤

그래? 쌤이 보기에 푸르메는 이미 창의성이 넘치는데?

푸르메

제가요?

 꿈쌤

창의성은 거창한 능력이 아니야. 오히려 내가 좋아하고 잘하는 분야를 발견하고 몰입할 때 창의성이 더 발휘될 수 있는걸!

푸르메

오호! 좋아하는 분야에 몰입하는 건 제가 자신 있죠. 역사 덕후인데!^^

 꿈쌤

그럼! 스스로 자신만의 분야를 만들어가는 것이 바로 창의성의 시작이야.

  SMS/MMS OK

창의성의 비밀,
노는 게
제일 좋아!

•　　요즘 세계가 창의성 교육으로 뜨겁다. 빠르게 변하는 세계경제 환경 속에서 성공하기 위해 리더가 갖춰야 할 가장 중요한 능력이 무엇이냐는 질문에 많은 사람이 '창의성'이라고 답했다. 전 세계적으로 기업의 화두 역시 '창의성'이다. 우리나라에서도 미래 인재상으로 '창의융합형 인재'가 요구되면서 그에 따른 관심이 높아지고 있다.

창의성(creativity)이란 '새롭고, 독창적이고, 유용한 것을 만들어내는 힘'을 말한다. 창의성은 선천적으로 타고나는 특별한 재능이 아니라, 후천적으로도 충분히 키울 수 있는 능력이다. 물론 한순간에 길러지는 것은 아니다. 창의성은 주도적으로 생각하고 문제를 해결하는 것을 경험하면서 다양한 시각을 갖고 노력하는 과정에서 길러진다.

《생각의 탄생》의 저자인 로버트 루트번스타인 교수는 시간이 걸리더라도 '무엇을 외우라'고 주입하기보다 '어떻게 정답을 찾는지'를 파악하게 해야 창의성 교육이 이루어진다고 했다. 정답만을 달달 외우게 하는 우리나라의 주입식 교육은 창의성과 가장 거리가 먼 방식이다. 창의성은 책상 앞에 앉아서 머리를 끙끙 싸맨다고 길러지지 않는다. 오히려 마음을 편하게 비우고 여행을 하든, 수다를 떨든, 영화를 보든, 신나게 놀든 할 때 오히려 창의적인 아이디어가 나온다. 직접 보고 만지고 느끼며 다양한 놀이를 하는 과정 속에서 자신만의 창의적 사고를 하게 된다.

노르웨이에서는 일찌감치 유치원 때부터 놀이를 교육의 핵심 과제로 삼는다. 유치원 아이들은 자유롭게 놀이를 할지, 아니면 공부를 할지 스스로 결정하고 선생님은 그 옆에서 놀이를 학습으로 활용한다. 아이들은 자유 놀이를 스스로 정하고, 교사들은 아이들의 놀이에 참여하며 소통한다. 함께 어울려 놀며 그것을 교육의 기회로 활용하는 것이다. 이러한 놀이와 학습이 조화를 이루면서 아이들은 즐거움과 동시에 자기 스스로 행복을 만들어간다는 책임감도 스스로 느낀다. 우리나라에서는 아이들이 커갈수록 더 많은 것을 배워야 한다며 공부 시간의 양을 부쩍 늘리지만, 노르웨이에서는 아이들이 클수록 더 자유롭게 놔두고 시간을 어떻게 활용할지 스스로 결정하게 한다. 이 두 방식은 과연 어떤 차이가 있을까?

모든 학생들이 우등생을 꿈꾸는 우리나라의 청소년들은 국제 학업성취도 평가 순위에서 늘 최상위권을 차지하지만, 자신이 행복하다고 생각하는 행복지수는 거의 꼴찌에 가깝다. 그리고 행복한 삶이 최우선이라고 생각하는 노르웨이는 그 반대다. 학교와 학원을 오가며 오로지 대학 입시를 위한 공부에만 매달리는 우리나라 교육 현실에 과연 무엇이 필요할까? 무엇보다 청소년들이 충분히 놀이를 할 수 있는 여유가 있어야 한다. 물론 완전히 놀도록 내버려두는 방치와는 다른 의미다. 여러분에게도 삶의 여백이 필요하다. 부모님이나 선생님의 지시로 움직이는 배움이 아닌, 자발적으로 움직이고 계획하는 놀이, 스스로 판단하고 배움을 익히며 잘 놀 줄 알 때 자신의 행동을 조절하고 통제하는 능력을 키울 수 있다. 이제 잘 노는 사람들이 세상을 변화시킨다.

내가 할 수 있을까?

인헌이는 고등학교에 재학 당시 많은 한계에 부딪히면서 살았다. "공부를 못하면 대학도 못 가고, 대학을 못 가면 사람 취급도 못 받는다"와 같은 주변 사람들의 말을 의식하면서 스스로 자괴감에 빠져들기도 했다. 게다가 동급생들로부터 시작된 학교 폭력의 피해자가 되었지만 학교의 도움을 받기는커녕 오히려 인헌이가 의도치 않게 자퇴를 하게 되었다. 설상가상으로 이 상황에서 어머니가 암 투병을 하다 세상을 떠나셨다. 하늘이 무너지는 것 같았다. 더 이상 붙잡을 것도, 믿을 사람도 없어진 기분이 들었다.

하루하루를 힘겹게 보내고 있던 어느 날 인헌이는 트위터에서 우연히 '희망의 우리학교 만들기'라는 대안교육 모델을 함께 만드는 일에 참여할 사람을 찾는다는 글을 보게 되었다. '희망의 우리학교'는 입시 경쟁도 없고, 폭력도 없는, 우리들에게 꼭 필요한 것만 학습할 수 있는 진짜 대안학교를 만들고자 하는 사람들의 모임이었다.

'그래, 이거야. 과연 내가 할 수 있을까?'

인헌이는 지푸라기라도 잡고 싶은 심정으로 용기를 내 지원했다. 인헌이를 포함한 열다섯 명의 청소년이 종로에 위치한 조계사에서 처음 시작을 했다. 이들이 직접 학습을 위한 커리큘럼을 제작하고, 멘토들을 직접 섭외하여 수업을 듣고, 사회 변화를 위한 다양한 시도를 했다. 획일화된 학교 공부와는 다르게 기자회견, 릴레이 1인 시위 등 자신들이 주도하는 활동들이 인헌이에게는 즐거운 놀이처럼 느껴졌다. 그런 경험들을 통해 그들에게는 보이지 않던 희망이 생겼다. 인헌이는 다시 시작할 수 있다는 힘을 얻었다. 그 덕분에 새로운 일에 도전할 수 있었다.

희망의 우리학교와 같은 학교 밖 청소년을 지원하는 허브 기관인 '서울시학교밖청소년지원센터'의 인턴으로 참여하면서 다양한 청소년 관련 프로그램에도 참여했다. 이전보다 조금 더 전문적으로 접근하면서 '청소년지도사'라는 꿈도 가질 수 있게 되었다. 서울시학교밖청소년지원센터에서 자신처럼 자퇴를 한 학교 밖 청소년을 위한 프로그램을 홍보하는 일, 서울시 도시형 대안학교를 인터뷰하면서 사회의 인식을 개선하는 일들을 맡아서 진행했다. 학교 밖 청소년에 대한 진지한 고민을 시작하면서 언젠가는 꼭 '학교 밖 청소년'이라는 의제를 사회의 이슈로 올려놓겠다는 다짐을 하게 되었다.

그렇게 시간이 지나 마침내 꿈에 그리던 청소년학을 배우는 대학교 생활을 시작하게 된 인헌이는 기쁨을 감출 수 없었다. 대학에서도 다양한 대외 활동에 참여했다. 아름다운가게 서울랜드 교육장에서 초등생 대상 나눔 교육을 운영했고, 여성가족부에서 주관하는 나라사랑체험프로그램에 지도자로 참여하면서 청소년들과 함께하는 시간도 가졌다. 그런데 이러한 대외 활동을 하면 할수록 고민이 생겼다.

'청소년지도사 교육은 대학에서밖에 할 수 없을까?'

'대외 활동을 많이 한다고 해서 청소년지도사가 될 수 있을까?'

인헌이와 비슷한 생각들을 가진 학생들이 그런 고민을 해결해나가기 위해 모였고, 학교의 지원을 받아 교내에 '청년협동조합 드림아토'를 설립하게 되었다. 청년협동조합 드림아토는 '청소년에게 꿈을, 예비 지도자에게는 기회를 선물함'을 목표로 처음부터 청소년과 예비 청소년 지도자를 위한 프로그램을 만드는 모임이다.

인헌이는 또 예비 청소년 지도자 역량 강화 연수, 레크리에이션 강사 교육 및 파견, 청소년 나눔 교육, 청소년 진로 교육, 청소년 축제 등 다양한 시도를 해보면서 즐겁게 서대문구의 대표 협동조합을 만들어나갔다. 그리고 그동안의 청소년 활동, 경험 등을 인정받아 여성가족부 '청소년푸른성장대상'을 수상했다. 인헌이는 고등학교 졸업장 없이 5년 만에 대학교 졸업장을 받고, 청소년지도사 3급에 합격했다. 그리고 지금은 현장에서 꿈에 그리던 청소년지도사의 길을 걸어나가고 있다.

어느 시골 학교의 비밀

경남 시골에 전국적으로 잘 놀기로 유명한 고등학교가 있다. 학생들이 공부를 잘해서 인류 대학도 잘 가고, 학생들의 인성도 좋아서 '입시'와 '인성'이라는 두 마리 토끼를 잡기 위해 전국에서 모여든다. 그런데 이 학교는 1년 내내 축제로 가득하다. 3월에 입학하고 나면 4월 말 개교기념일 즈음해 예술제가 열린다. 준비는 몇 주 전부터 시작된다. 전국의 고등학생들이 바짝 긴장하고 학업에 매진할 학기 초에 이 같은 여유는 어디에서 나온 것일까? 게다가 예술제가 끝나면 6월엔 소풍을 떠난다. 그럼 가을에는 또 연극·합창제가 열린다. 어찌 보면 단순하다. 시험 한 번 치고 놀고, 시험 한 번 치고 또 놀고를 연중 반복하는 셈이다. 몇 십년간 그 학교에서 지내온 교사는 이렇게 말한다.

"인성 교육? 아무것도 아니다. 잘 놀게 하면 공부도 잘한다. 우리는 그저 놀이와 공부를 반복하면서 목적과 수단을 일치시키려고 노력할 뿐이다."

신나게 놀면 신명이 나고, 집중력과 창의력이 높아진다. 실제로 이 학교가 전국적으로 유명한 성과를 낸 것은 학생들이 맘껏 놀면서 스스로 공부하기 때문이다. 잘 노는 사람이 공부도 잘한다는 말을 증명해주는 좋은 사례. 이제는 공부와 일만 열심히 해야 성공하는 것이 아니라 잘 놀아야 성공하는 시대가 되었다.

여러분에게 만약 하루 동안 자유 시간을 주면서 신나게 놀라고 하면 무엇을 하겠는가? 아마도 스마트폰을 활용해 동영상을 보거나 게임을 하면서 시간을 보내는 경우가 많을 것이다. 갑자기 스마트폰 사용을 금지한다면? 아마 무엇을 해야 할지 막막해할지도 모르겠다. 사실 잘 노는 것도 어려운 일이다. 이왕이면 자기가 좋아하고 잘하는 것을 하면서 놀면 더 마음 편하게 즐기고 놀 수 있다. 그런 과정을 통해 자신의 가능성과 창의성을 발전시켜나갈 수 있다.

창의성을 키우는 방법, 생각보다 참 쉽다! 자, 맘껏 놀자. 이왕이면 내가 좋아하는 일을 하면서 재미있게 말이다. 어린이들의 대통령, 뽀통령님도 말씀하시지 않았는가!

"노는 게 제일 좋아!"

Self Action Plan. 하루 동안 자유롭게 놀 수 있는 기회가 주어진다면?

생각만 해도 신나지 않나요?^^

단, 조건이 있어요. 스마트폰은 내려놓기!

신나게 놀 수 있는 하루 계획을 세워보세요.

혹시 알아요? 정말 내게 그런 시간이 주어질지!

덕후가
뭐 어때서?

●   "좋아하는 일을 너무 하고 싶은데 저희 부모님은 현실적으로 불안정한 직장이라며, 좋아하는 일이 밥 먹여주느냐고 반대하시네요. 좋아하는 일을 계속해야 할지 현실을 직시해야 할지 너무 고민이 돼요. 어떻게 해야 할까요?"

이런 고민 앞에 좌절하고 힘들어하는 청소년들이 참 많다.

대한민국은 '정답 사회'라고 불릴 정도로 모두가 정해진 정답에 따라 길을 걸어간다. 노래를 하고 싶었던 아이도, 철학이 좋았던 아이도 성인이 되면 어느 순간 현실에 타협하며 자신의 의지가 아닌, 사회가 정해준 답을 따라간다. 특히 하고 싶은 일이 따로 있어도 안정적인 직장을 선택하곤 한다.

2015년, 통계청에 따르면 청소년 선호 직업 1위는 '공무원'이라고 한다. 최근 들어 고등학교 때부터 일찌감치 공무원 시험 준비를 하는 학생들도 많아졌다. 내가 살고 있는 지역사회의 발전을 위해 국민에게 봉사하고 싶은 이유라면 모를까, 오로지 '안정'을 위해 너도 나도 공무원의 길을 가려는 모습은 참 안타깝고 슬프다.

이런 상황 속에도 꿋꿋하게 자신만의 답을 찾아 걸어가는 사람들이 있다. 자기가 좋아하는 것을 집요하게 파고들어 자신의 분야에서 전문가 못지않은 경지에 오른 사람들, 우리는 이들을 '덕후'라고 부른다. 덕후는 일본의 '오타쿠'라는 단어에서 비롯된 말인데, 오타쿠와 덕후는 그 의미가 조금 다르다. 일본의 오타쿠는 사람들과의 교류를 뒤로하고 자신이 좋아하는 만화 캐릭터나 게임에 푹 빠져서 사는 사람들을 말하는 데 반해, 우리나라의 덕후는 자기가 좋아하는 한 분야에 몰두하는 사람을 일컫는다.

몇 년 전만 해도 덕후를 바라볼 때 '한심하다, 특이하다, 쓸데없는 짓 하고 다닌다' 등 바라보는 시선이 곱지 않았다. 그런데 지금은 사람들의 부러움을 사는 전문가로 인정받고 있다. 누군가 정해놓은 길을 따라가는 것이 아니라 자신만의 창의적인 방식으로 새로운 것을 만들어내기 때문이다. 자신이 잘하는 분야에서 창의성을 발휘하여 자신만의 분야를 개척해나가는 것이 나의 경쟁력이다. 자기 생각에 자신감을 갖고 용기를 내 끝까지 그것을 지켜낼 줄 알아야 창의성과 가까워질 수 있다. 여러분은 어떤 분야의 덕후가 되고 싶은가?

'역사 덕후' 푸르메의 꿈

청소년이 하는 강연회의 시작을 앞두고 처음 청소년 강연자를 모집할 때 나는 참 두근거렸다. 어떤 친구들이 자신만의 멋진 스토리를 들려줄지 기대가 되었다. 그중 내가 학창 시절 즐겨 보던 만화 〈인어공주를 위하여〉의 남자 주인공 '푸르메'와 같은 이름의 고등학교 1학년 남학생이 눈에 띄었다. 자칭 '역사 덕후'라고 말하는 푸르메의 이야기는 듣고 있자면 그야말로 감탄이 절로 나왔다.

푸르메는 초등학교 1학년 때 처음으로 역사에 관심을 갖게 되었다. 그 관심이 점점 커져 어린 나이에 역사 관련 책들을 모조리 섭렵했고 전국에 흩어져 있는 문화유산을 찾아 산으로, 들로 답사를 다니기 시작했다. 푸르메는 특히 문화재에 관심이 많았다. 문화유산의 아름다움에서 헤어나오지를 못했다.

고작 초등학교 2학년의 신분으로 푸르메는 문화재청 '한문화재 한지킴이'라는 단체에 가입하여 문화재 수호를 위한 활동을 시작하게 되었다. 푸르메의 첫 지킴이 대상은 수원화성과 국보 1호 숭례문이었다. 주말마다 시간을 내 수원화성과 숭례문을 반복해서 들리며 관리 상태를 점검하여 문화재청에 전달하는 일이 너무나 보람되고 기다려졌다. 그러던 어느 날 TV에서 "국보 1호 숭례문, 화재로 전소"라는 긴급 속보를 봤다. 자신이 지키던, 서울에서 가장 오래된 문화유산이 단 다섯 시간 만의 방화로 잿더미가 되었다는 사실에 푸르메는 어린 나이에 큰 충격에 빠져 숭례문에게 미안하고, 또 미안했다. 푸르메는 그때 새로운 결심을 하게 되었다.

"더 이상 제2의 숭례문을 만들지 말자!"

그 순간부터 푸르메의 목표는 문화재청장이 되었다. 그 꿈이 정말 간절했기에 남들이 미쳤다고 할 정도로 치열하게 역사를 공부했다.

중학교에 입학해서는 본격적으로 푸르메의 역사 덕후 활동이 시작되었다. 푸르메는 각종 공모전에서 받은 상금이나 장학금으로 인사동과 대구를 돌아다니며 고문서와 문화재를 수집하기 시작했다. 역사책으로만 보던 유물을 실제로 수집하고, 더 가까이에서 관찰하며 공부했다. 고문서들을 번역해보기도 했다. 더 많은 사실을 알고 싶어서 학회에도 가입하고, 회보도 구독하여 읽었다.

고등학교에 들어가서는 고고학과 한문학에 푹 빠져 살게 되었다. 고1 때는 '국정교과서 도입 반대운동'을 10개월 동안 집요하게 주도하며 대안교과서를 집필하기도 했다. 각종 발굴 현장을 다니면서 유적을 살피고, 논어나 맹자 같은 유학 경전도 공부하고, 그렇게 해서 새로 찾아낸 역사적 사실을 바탕으로 기존의 역사를 고증하는 일을 하며, 알아낸 내용을 바탕으로 논문도 발표하고 있다.

물론 역사 공부에만 집중하다 보니 전혀 신경을 안 쓰는 수학 같은 과목은 성적이 저공비행 중이지만 역사 공부를 위해 배웠던 한자, 영어, 국어 과목은 덩달아 성적이 올랐다. 푸르메는 이제 '역사'에 관해서는 또래 청소년들 중 단연 누구도 따라올 수 없는 '넘사벽'이 되었다. 푸르메의 활동을 지켜보면 어른인 내가 봐도 참 대단하고 정말 놀라지 않을 수가 없다.

어렸을 때부터 자신이 역사를 좋아한다는 사실을 발견하고, 좋아하는 일에 좀 더 집중하면서 꿈을 위해 한 걸음씩 노력해나가고 있는 푸르메. 단순히 "문화재청장이 되겠다!"가 아니라 "문화재청장이 되어 사라진 역사 퍼즐 조각을 찾아내 한국사의 원형을 복원하겠다! 수장고에 쌓여 있는 문화재들을 연구하여 대중에 공개하겠다! 북한과 외국과의 문화 교류를 활성화하겠다! 그래서 대한민국에 세종과 정조에 이은 제3의 르네상스 시대를 몰고 오겠다!"라고 구체적인 꿈을 외친다.

그리고 이제 고3이 된 푸르메는 여느 고등학생과 다를 바 없이 평범하게 대학 입시를 준비 중이다. 그렇게 하나의 꿈을 좇아 공부해 왔는데 어느 순간 자신도 입시라는 벽에 맞닥뜨리면서 대학을 목표로 공부하고 있는 모습에 한동안 슬럼프를 겪기도 했다. 위기 앞에서 푸르메는 초심을 돌아보기로 했다.

'대학이라는 현실에 맞닥뜨리기 이전에 과연 나에게는 어떤 원동력이 있었기에 무려 11년 동안씩이나 역사만 집요하게 공부할 수 있었을까?'

답은 먼 곳에 있지 않았다. 내가 정말 원하는 것이 무엇인지, 좋아하고 잘하는 것이 무엇인지 '잃어버린 목적'을 되새겨보면서 자연스럽게 슬럼프에서 벗어날 수 있었다.

'문화재 보존'이라는 인생의 목표를 갖고 앞으로도 꾸준히, 죽을 때까지 역사 공부를 하겠다고 웃으면서 자신 있게 말하는 푸르메! 어른의 한 사람으로서 참 고맙고 대견할 뿐이다. 푸르메가 역사 덕후로서 앞으로 대한민국을 빛낼 인재가 되리라 믿어 의심치 않는다.

세상을 바꾸는 덕후의 힘

진짜 창의적인 인재는 자신만의 관심사에 깊이 몰두하는 경향이 있다. 세계 최고의 SNS를 탄생시킨 페이스북의 CEO 마크 저커버 그는 덕후계의 대표적인 인물이다. 컴퓨터 덕후였던 그는 중학교 때 대학원 수업을 청강할 정도로 컴퓨터에 빠져 살았다. 그리고 결국 '페이스북'이란 플랫폼을 통해 전 세계 사람들을 서로 소통하게 만들었다.

스티브 잡스 역시 어렸을 때부터 디자인 덕후로 유명했다. 디자인에 대해서는 거의 집착을 보이는 수준이었다. 그의 그런 집착과 깐깐함 덕분에 지금의 아이폰이 탄생할 수 있었다.

푸르메처럼 역사 덕후였던 웹툰 작가도 있다. 바로 조선시대의 에피소드를 바탕으로 한 웹툰 〈조선왕조실톡〉으로 많은 인기를 얻고 있는 '무적핑크'다. 그녀는 학창 시절부터 역사를 좋아했는데, 그중에서도 특히 조선의 제22대 왕 '정조'의 팬이다. 정조를 너무 좋아한 나머지 무려 팬클럽까지 만들었다. 비단 이들뿐만 아니라 종이접기 덕후, 비행기 덕후, 앵무새 덕후, 소방서 덕후, 책 덕후 등 다양한 분야의 덕후들은 이제 능력자로 인정받고 있다. 덕후들이야말로 빠르게 변하는 이 세상을 변화시킬 무한한 가능성을 가진 존재라고 생각한다.

정답 사회에서 벗어나 자신만의 답을 찾고 싶다면 내가 좋아하는 일의 덕후가 되어보자. 내가 좋아하는 분야에 집중적으로 파고들어 전문가가 되는 덕후의 길은 최고의 스펙이 될 수 있다.

"좋아하는 일이 밥 먹여주냐? 네가 아직 세상을 몰라!"라고 매몰차게 말하는 누군가의 말에 어깨가 축 처진 여러분에게 자신 있게 말해주고 싶다.

"네! 좋아하는 일이 밥 먹여줍니다!"

Self Action Plan. 나의 강점 발견하기

나는 어떤 분야의 덕후가 되고 싶은가요?

그 분야의 덕후가 되기 위한 나만의 강점이 있다면

세 가지를 적어보세요.

내가 좋아하는 분야에서 덕후가 된다는 것은

너무 멋진 일입니다.

좋아하는 일을 발견하는 방법

"여러분은 스스로를 창의적이라고 생각하는가? 아이디어를 떠올려야 하는 일이 있으면 스스로 아이디어를 내는 편인가?"

이 질문에 흔쾌히 "Yes"라고 말할 수 있는 사람은 많지 않다. 대부분 창의적이고 신선한 아이디어를 내는 것을 어렵게 느끼기 때문이다. 일반적으로 창의성은 특별한 재능처럼 느껴진다. 하지만 창의성은 우리의 일상생활 속 크고 작은 도전에서부터 시작된다. 특히 좋아하는 일을 발견하는 과정 속에서 창의성은 더 발휘된다.

아인슈타인, 빌 게이츠, 레오나르도 다빈치 등 평범했던 그들이 모두가 인정하는 창의적인 천재로 거듭난 이유는 단순하다. 그들은 자신이 좋아하고 몰입할 분야를 만나 반복적인 학습과 훈련을 통해 그 누구도 부인할 수 없는 수준에 올라섰다. 자신이 좋아하고 잘하는 분야를 발견하는 것이야말로 창의성을 발휘할 최상의 방법이라 할 수 있다.

어느 중학교에서 진로 강의가 끝난 후 한 여학생이 의기소침해진 표정으로 다가와 질문했다.

"선생님, 진로를 결정하려면 가장 먼저 내가 좋아하는 일이 무엇인지 찾으라고 하셨죠? 그런데 저는 하고 싶은 일도 없고, 좋아하는 게 하나도 없는걸요."

그 여학생의 이야기를 듣는 순간 나는 '아차' 싶었다.

'내가 중요한 것을 놓치고 있었구나. 꿈을 꾸고 싶어도, 좋아하는 것을 찾고 싶어도 그 방법을 몰라 길을 헤맬 수도 있겠구나.'

자꾸 좋아하는 것을 발견하라고 재촉하기만 하고 그 마음을 알아주지 못해 미안했다. 그래서 여러분에게만큼은 좋아하는 것을 발견하라는 조언보다 '좋아하는 것을 발견하는 방법'을 먼저 알려주고 싶다. 그것이 더 큰 힘이 될 테니까.

창의성의 시작, 새로운 것에 관한 작은 관심

자영이는 꿈이 무엇인지 묻는 질문을 받을 때마다 참 난감했다. 겉보기에는 피아니스트가 되고 싶다가도 디자이너가 되고 싶기도 하고, 선생님이 되고 싶다가도 아나운서가 되고 싶기도 한 꿈 많은 여중생 같았지만 사실 진정으로 원하는 꿈은 없었다.

'사실 특별히 정한 꿈은 없는데……. 꿈이 없다고 하면 자신감이

없어 보이겠지? 일단 뭐라도 내 꿈이라고 말해야겠어.'

자영이는 일단 남들이 다 하고 싶어 하고, 안정적이며 선호도가 높은 직업들을 자신의 '꿈'이라고 스스로에게 세뇌시켰다. 정작 자신이 무엇을 원하는지는 들여다보려고도 하지 않았다. 자신의 꿈이 아닌 부모님이 원하는 직업이었는데도 그것이 스스로가 원하는 직업, 꿈이라고 항상 되새기며 스스로를 속이며 살았다. 자영이는 이제 거짓말쟁이에서 벗어나고 싶었다.

꿈을 딱히 결정하지 못하는 자영이와 달리 자영이의 언니는 항상 꿈이 많았다. 하루는 그런 언니가 부러워서 물었다.

"언니, 꿈을 도대체 어떻게 찾아?"

언니는 자영이에게 딱 한마디 해주었다.

"네가 좋아하는 것을 찾아."

"그건 나도 알아. 하지만 좋아하는 걸 어떻게 찾는지 모르겠어."

언니는 이런 예를 들려주었다.

"나는 잘생긴 사람이 좋아. 잘생긴 사람을 많이 볼 수 있는 곳은 어디지? 그래, 방송국! 나는 글쓰기를 좋아하고, 또 잘해. 그럼 방송작가가 되는 거야! 이렇게 자신이 일상생활 속에서 좋아하는 것에서부터 찾기 시작해봐."

언니의 말을 들은 자영이는 생각에 잠겼다.

'나는 풍경이 아름다운 외국이 좋아. 외국에서 살고 싶어! 근데 외국은 의료 복지가 잘 안 되어 있다며? 그럼 내가 돈이 많거나 의료계 종사자가 되면 되겠다! 그래, 나는 어릴 때부터 과학을 좋아했고, 생명에 관심이 많았으니까 의사를 해보자!'

그렇게 자영이는 지금의 꿈인 '의사'를 찾게 되었다. 물론 '해외'라는 이유 하나로 의사가 되겠다는 것은 아니다. 다만 그것에서부터 꿈을 찾기 시작했을 뿐이다. 그런 작은 관심의 시작이 바로 자신의 꿈으로 이어질 수 있다.

좋아하는 일을 발견하려면

나는 평소에 〈생활의 달인〉이라는 TV 프로그램을 즐겨 본다. 수십 년간 한 분야에 종사하며 부단한 열정과 노력으로 달인의 경지에 이르게 된 사람들의 인생 스토리와 리얼리티를 담은 프로그램이다. 게다가 유명인이 아니라 우리 주변에서 흔히 볼 수 있는 일반인을 대상으로 한다는 점이 더 공감이 되고 대단하다는 생각이 든다. 요리의 달인, 캠핑의 달인, 수선의 달인 등 분야도 정말 다양하다. 각기 다른 일을 하는 그들에게는 한 가지 공통점이 있다. 이왕 하는 일, 억지로 하는 것이 아니라 스스로 즐기려고 노력한다는 것이다. 잘하려고 애쓰지 않고 즐기려고 노력하다가 그 일에 대한 노하우를 얻고, 보다 새로운 아이디어를 발견하기도 한다.

"지지자불여호지자(知之者不如好之者), 호지자불여락지자(好之者不如樂之者)"

이는 공자의 《논어》에 나오는 구절로, '아는 사람은 좋아하는 사람을 이길 수 없고, 좋아하는 사람은 즐기는 사람을 이길 수 없다'는 말이다. 한 분야에서 성공한 사람들은 대부분 잘하려고 애쓰기보다 그 자체를 즐기는 것이 훨씬 좋은 결과를 가져온다는 것을 알고 있다.

창의성이란 한순간에 생기는 것이 아니다. 내가 관심 있는 분야를 탐색하고, 내가 좋아하는 일을 발견하는 과정 속에서 창의성은 나도 모르게 쑥쑥 자란다.

여기서 잠깐! 다음 질문 중 여러분이 더 선호하는 것이 무엇인지 대답해보자.

"방탄소년단과 워너원 중 더 좋아하는 그룹은?"

"트와이스와 레드벨벳 중 더 좋아하는 그룹은?"

"짜장면과 짬뽕 중 지금 더 먹고 싶은 것은?"

"로맨틱한 영화와 공포 영화 중 애인과 보고 싶은 영화는?"

실제로 한 여자중학교에서 진로 특강을 할 때 "방탄소년단과 워너원 중 좋아하는 아이돌 그룹은?"이라는 질문을 던진 적이 있다. 그러자 졸고 있던 학생들도 정신을 번쩍 차리더니 자신이 좋아하는 아이돌 그룹을 강당이 떠나도록 큰 소리로 외쳤다. 강의를 하면서 가장 집중이 잘되는 순간이다.

생각해보면 수많은 아이돌 그룹 중 내가 그 그룹을 좋아하는 이유가 있을 것이고, 그 많은 멤버 중 유독 그 멤버를 선호하는 이유가 있다. 사람마다 좋아하는 이상형도 다 다르다. 식당에서 메뉴를 고를 때에도 내 입맛에 맞고 내가 좋아하는 음식을 선택한다. 쇼핑을 할 때도, 여행을 갈 때도, 음악을 들을 때도 나의 취향에 맞는 것을 고른다. 그렇게 결정할 수 있는 이유는 내가 수도 없이 듣고, 보고, 먹어보고, 경험하면서 나만의 주관과 선호도가 생겼기 때문이다. 진로도 마찬가지다.

진로를 결정할 때 내가 좋아하는 일을 발견하려면 역시 직접 배워보고 경험해봐야 한다. 혼자 조용히 실내에서 집중하는 일이 더 맞는지, 아니면 사람들을 만나면서 외향적으로 활동하는 일이 더 좋은지, 머리를 쓰는 일보다 몸으로 부딪히는 일이 더 좋은지, 앞에서 누군가를 이끄는 역할이 더 맞는지 옆에서 지원하며 도와주는 일이 더 편한지 직접 경험해봐야 느낄 수 있다. 그런데 우리는 좋아하는 연예인이나 게임에 대해서는 그렇게 파고들면서 진로에 관해서는 파고들지 않는다. 꿈 앞에서도 내가 좋으면 좋다고, 싫으면 싫다고 말할 수 있어야 한다. 스스로 좋아하는 것을 묻고 대답할 수 있는 힘을 키워야 한다.

내 일상 속의 작은 일들부터 앞으로 어떤 삶을 살아가고 싶은지까지 크고 작은 나의 선호도를 발견해보자. 그런 연습을 통해 내 취향에 맞는 '인생 꿈'을 찾을 수 있을 것이다.

Self Action Plan. 나의 선호도를 발견하라.

나는 무엇을 할 때 집중이 잘되나요?

나는 어떤 일에 성취감과 만족감을 느끼나요?

내가 가장 어려움을 느끼는 부분은 무엇인가요?

일상 속에서부터 내가 하고자 하는 모든 일에 대해

결정 장애가 아닌, 나의 선호도를 표현하는

습관을 기르세요.

물리학과
음악의
교집합은?

●   지식 기반의 세계화된 미래 사회에서 암기 부분은 인공지능이나 컴퓨터가 훨씬 더 빠르고 정확하다. 그럼 우리는 무엇에 집중해야 할까? 대부분의 정보와 지식이 인터넷상에 있기 때문에 이제는 암기 역량보다 새로운 지식을 생산하고 적용하는 종합적인 사고력이나 창의적 역량이 중요해지고 있다. 이런 흐름은 2015년 개정 교육과정에도 반영되어 요즘 교육 트렌드의 핵심 키워드는 '창의융합'이다. 이는 우리나라 교육뿐만 아니라 미래 사회, 21세기를 대표하는 키워드이기도 하다.

  시대의 흐름에 따라 창의융합 인재 육성을 위한 새로운 교육 패러다임이 확산되고 있고, 대학이나 기업에서도 앞다투어 창의융합형 인재를 강조한다. 그렇다면 시대가 요구하는 창의융합형 인재란 무엇일까?

교육부에서는 창의융합형 인재란 '인문학적 상상력과 과학기술의 창조력을 갖추고 바른 인성까지 겸비하여 새로운 지식을 창조하고 융합하여 새로운 가치를 창출하는 사람'이라고 정의한다. 꽤 거창하고 어려워 보인다. 이제는 단순히 몇 등급을 받았는지, 얼마나 암기를 했는지 등 단순한 지식 습득이 중요한 것이 아니라 빠르게 변화하고 넘쳐나는 정보들을 창의적으로 융합해 내가 필요한 것을 찾고, 나만의 지식을 만들어내는 능력이 요구된다.

이제 손 안에 있는 스마트폰으로 검색만 하면 원하는 정보를 쉽게 얻을 수 있는 세상이 되었다. 이런 시대에 인간만이 할 수 있는 '창의성'을 키워야 한다. 그럼 '창의성'은 어떻게 키울 수 있을까?

창의성은 근육과 같다. 운동을 하면 근육이 발달하듯이 창의성역시 수많은 연습과 새로운 도전에서 실패를 반복하면서 성장할 수있다. 창의성의 아이콘 하면 대표적으로 스티브 잡스가 떠오른다. 그의 창의성은 전 세계 수많은 현대인의 삶의 방식을 뒤바꿨다. 우리의 삶을 바꾼 아이폰은 어떻게 탄생할 수 있었을까? 스티브 잡스는 아이폰이 과학기술과 인문학의 교차점에서 탄생했다고 말했다.

"Creativity is just connecting things."

스티브 잡스는 창의성을 '연결하는 것'이라고 정의한다. 아이폰은 휴대전화와 아이팟을 연결한 창의적 사고에서 태어난 융합적 산물이라고 할 수 있다. 이러한 창의적 사고를 연결하여 융합하는 능력이 바로 스티브 잡스의 혁신의 비밀이다. 스티브 잡스뿐만 아니라 페이스북의 저커버그, 알리바바의 마윈의 공통점은 세계적인 기업

가이자 창의성의 대표적인 아이콘이라는 것이다. 또 하나의 흥미로운 공통점이 있는데, 이들은 모두 인문학 전공자다. 스티브 잡스는 철학, 저커버그는 심리학, 마윈은 영문학을 전공한 이들은 모두 자신의 전공과 다른 새로운 분야와 융합하여 창의성을 발휘하고, 다양한 방법으로 문제를 해결해나가며 자신만의 길을 개척해나갔다.

결국 창의융합형 인재 역시 셀프 리더와 같은 맥락이다. 급변하는 다양한 환경 속에서도 자기 주도성을 갖고 스스로 결정하고 행동하면서 나만의 삶을 찾아 스스로 이끌어가는 '셀프 리더'야말로 이 시대가 요구하는 창의융합형 인재 아닐까?

좋아하는 두 가지 결합하기

은서는 초등학교 1학년 때 취미로 발레를 배우던 중 함께 레슨을 받던 친구가 뮤지컬에서 배역을 맡았다는 소식을 듣고 엄마와 함께 관람을 하러 갔다. 친구가 정말 근사해 보였다.

"엄마, 나도 뮤지컬 해보고 싶어."

"음……, 지금 그건 좀 힘들 것 같은데. 은서는 노래를 잘할 수 있는 것도 아니고, 춤을 잘 출 수 있는 것도 아니잖아?"

은서는 왜 갑자기 그런 생각을 하게 되었을까? 춤추고 노래하는 게 멋있어 보여서? 그냥 무대에 서 보고 싶어서? 그렇게 처음으로 뭔가 하고 싶은 것이 생긴 은서의 말은 그저 해프닝으로 끝났다.

하지만 은서의 삶에서 뮤지컬이라는 꿈은 조금씩 싹을 틔우는 듯

했다. 누가 들어주지도 않지만 혼자 화장실에서 노래를 부르며 연습을 하기 시작한 것이다. 6학년 때는 헨델의 아리아를 듣고 따라 부르기를 좋아했다. 중학생이 되어서도 혼자 성악 연습을 한 끝에 평소 좋아하던 뮤지컬인 〈오페라의 유령〉에 나오는 모든 노래를 부를 수 있게 되었다. 이렇게 쌓은 실력을 바탕으로 학교 축제에서 오케스트라와 함께 처음 무대에 올라 〈오페라의 유령〉 메들리를 불렀다. 더 이상 자신의 노래를 들어줄 상대가 샤워기뿐이 아니라는 사실이 기뻤고, 우렁찬 환호를 보내주는 친구들 덕분에 더욱 행복했다.

은서는 그저 노래하는 것이 즐거웠다. 학교에서 마음에 드는 아리아나 예술 가곡을 발견하면 바로 인쇄해 점심, 저녁 시간에 음악실에서 혼자 연습을 하곤 했다. 그러다 보니 80장짜리 파일 하나가 악보로 가득 채워졌다. 매주 주말에는 자습이 끝난 뒤 유튜브로 반주를 틀어놓고 혼자 연습을 했다.

그러던 어느 토요일, 노래하며 땀을 흘리는 자신을 발견하고는 뭔가 슬픈 깨달음을 얻었다. 공부를 하면서는 이렇게 땀 흘리며 기뻐한 기억이 없다는 것이었다. 그날 밤, 맨 처음 뮤지컬의 매력을 느꼈던 어린 시절의 기억이 떠올랐다. 그땐 무슨 생각으로 그런 말을 했는지 지금도 잘 모르겠다. 그러나 처음부터 무언가를 잘할 수 있는 사람은 없는데, 시도도 해보지 못하고 포기해야 했던 과거를 떠올리자 조금 슬퍼지는 건 사실이었다.

"선생님께서도 너의 예술적 재능은 좀 아깝다고 하셨어. 그런데 네가 제일 잘하는 게 공부니까 공부를 해야지 어쩌겠어."

초등학교를 졸업하는 은서에게 엄마가 해주셨던 이야기다. 이 기억을 시작으로 생각에 생각이 꼬리를 물었다. 어쩌면 초등학교 때 예술중학교 입학 원서를 쓰는 친구들의 모습을 보며 잠시나마 은서도 노래를 전문적으로 배워보고 싶다는 생각을 했을지도 모른다. 또 언젠가 TV에서 뮤지컬 〈애니〉의 주인공을 뽑는 프로그램을 보며, 그리고 〈브리튼즈 갓 탤런트(Britain's Got Talent)〉와 같은 오디션 프로그램을 보며 자신에게도 저런 기회가 주어지면 좋겠다는 생각을 했을지도 모른다. 눈부신 조명 아래에서 노래를 하는 상상 속 모습은 어두운 자습실에서 고개를 푹 숙이고 공부를 하는 은서의 지금 모습과 너무나도 큰 대조를 이루었다.

음악에 대한 미련을 놓지 못한 은서는 이상과 현실의 괴리를 느끼며 슬퍼했다. 가끔씩 이러한 감정이 고조될 때면 공부를 하다가도 '내가 가지 못한 길을 가고 있는 사람들은 무얼 하고 있을까?' 하며 괜히 뮤지컬 오디션, 채용 공지를 둘러보기도 했다. 하지만 은서는 곧 현실을 직시하여 성악과에 진학해보고 싶다는 꿈은 접고, 현실적인 대안을 찾기 시작했다.

고등학교 시절, 물리 선생님은 교과서에 얽매이지 않고 수업 시간에도 중력파나 IYPT 주제와 같이 보다 심화되고 흥미로운 내용들을 소개해주곤 하셨다. 그 물리 수업은 은서의 지적 호기심을 자극시켰다. 수많은 질문거리를 생각해내고, 하루에도 몇 번씩 선생님을 찾아가 하나하나 해결해나가며 지적으로 성장하는 과정에서 은서는 희열을 느꼈다. 창의적인 의문들을 실험을 통해 해결하고, 토론을 하며 자신의 논리성과 정당성을 증명하는 과정이 즐거웠다. 나아가 '5차 산업 혁명실'에서 활동을 하면서 창업 경진대회를 준비하며 학교생활에 더욱 활력을 느꼈다.

물리학에 눈을 뜬 은서는 물리학과 음악의 교집합을 찾아나섰다. 두 가지를 다 포기할 수 없다면 자신의 이과적인 두뇌와 예술에 대한 갈망이 갈등을 일으키는 대신, 서로를 더욱 빛나게 할 수 있도록 융합해보기로 했다. 자신이 진심으로 사랑하는 두 가지를 연결시키자 음악과 파동, 발성에 관한 궁금증이 끊임없이 쏟아졌다. 그럴수록 은서는 다양한 책과 논문을 읽으며 지식을 더욱 확장시켰다. 또 자신의 노랫소리를 녹음하고 그 파형과 스펙트럼, 푸리에 변환 결과를 살펴보았다. 지적 호기심과 음악에 관한 사랑이 만나는 아름다운 순간이었다.

현재 고3 수험생인 은서의 꿈은 수리물리학자다. 물리학자가 되어 순수과학을 연구하고, 음악은 취미로 즐기고 싶어 한다. 때로는 학문적 즐거움과 진정한 학습이 아닌, 점수만을 위하여 공부하고, 진정으로 바라는 학과가 있어도 성적에 따라 자신이 원하는 것을 배워야 하는 현실과 이상 사이에서 괴리감을 느낄 때도 많다. 순수하게 꿈만 꾸며 공부할 수 없는 현실이 속상할 때도 많다. 그럼에도 불구하고 은서는 물리학과 음악의 교집합을 찾아 자신의 꿈을 향해 한 걸음씩 걸어나가고 있다.

둘 중 하나를 선택해야 한다는 편견은 버려!

나에게는 절친한 두 분의 작가가 있다. 바로《오로지 대한민국에서 영어 두뇌 만들기》의 저자 최민석 작가와 《독서법부터 바꿔라》의 저자 기성준 작가다. 두 분의 작가와는 '작가 멘토단이 전국 도서관에 간다'라는 재능기부 강연 프로젝트를 함께하면서 인연이 더 깊어졌다. 그런데 두 분에게는 공통점이 있다. 한 가지 분야가 아닌 전혀 다른 두 분야의 활동을 창의적으로 융합해서 함께 해내고 있다는 점이다.

영어전문가 최민석 작가는 사실 영어 비전공자다. 법학을 전공한 후 반도체 회사에서 근무를 했다가 퇴사를 하고 우연찮게 영어 강사를 하며 자신이 누군가에게 무엇을 설명하고 이해시키는 데 재능이 있다는 것을 뒤늦게 발견했다. 그리고 영어 학원을 운영하며 학생들에게 영어를 가르치게 되었다. 게다가 평소 운동하는 것을 좋아해 한국미식축구대표팀 코치를 비롯해, 피트니스 업계에서 운동 전문가로서도 왕성하게 활동하고 있다. 결국 자신이 좋아하는 영어와 운동, 두 가지를 융합해 '피트니스 종사자를 위한 영어 특강'을 기획해 운영하고 있다.

미라클팩토리의 대표이자 독서법 전문가인 기성준 작가는 이전에 이미 통일교육 전문가로 전국적으로 진행하는 통일캠프 주강사로 활동하고 있었다. 우연한 계기로 하루 10권의 책을 독파하며 독서가 인생의 터닝 포인트가 되어 지금은 통일교육 분야 외에도 독서법과 글쓰기 분야에서 왕성한 강연 활동을 하며 새로운 길을 개척해나가고 있다.

나 역시 청소년 분야에서 청소년지도사로 일하면서 강연과 글쓰기를 좋아해 틈틈이 강연가와 작가로서 활동을 병행하고 있다. 내가 좋아하는 것들을 결합하니 서로 시너지가 되어 큰 힘을 발휘한다.

"선생님, 좋아하는 것이 너무 많아서 한 가지를 선택하기가 너무 힘들어요. 좋아하는 것이 많아도 걱정이네요. 어떻게 해야 될까요?"

좋아하는 것, 하고 싶은 것이 너무 많아 둘 중 하나를 선택하기가 힘들다면! 이럴 때는 자신이 좋아하는 일을 굳이 하나만 선택하려고 하지 말고 그 두 가지를 결합해보면 어떨까?

꼭 하나를 포기하고, 하나를 선택할 필요는 없다. 두 가지의 장점을 통합하여 나만의 새로운 대안을 창조하면 오히려 나의 새로운 가치를 만들어갈 수 있다. 인생에 정답은 없다. 내가 선택한 그 길이 내 인생의 유일한 정답이다. 나의 길은 내가 스스로 창조해내자!

Self Action Plan. 내 안에 잠자는 리더 본능을 깨워라!

나는 어떤 분야에 관심이 있나요?

내가 좋아하는 일은 무엇인가요?

이 두 가지를 서로 연결해보세요.

의사와 화가, 두 가지의 꿈이 있다면 그림을 그리는 의사를 꿈꾸면 되고, 음악도 하고 싶고 선생님도 되고 싶다면 음악 선생님 또는 선생님이 되어 직장인 밴드를 취미생활로 할 수도 있지요. 이렇게 나만의 창의적인 길을 새롭게 찾을 수 있을 거예요.

정답을
따라가지
않아도
괜찮아

•　　일곱 살 때 영화 〈스타워즈〉를 보고 로봇을 실제로 만드는 로봇공학자가 되겠다는 꿈을 갖게 된 그는 지금 자신이 세운 로봇연구소에서 누구도 상상하지 못한 기발하고 새로운 로봇을 연이어 만들어내며 세계적인 로봇공학자로서 자신이 바라던 꿈의 인생을 살고 있다. 그는 누구일까?

딩동댕! 바로 세계적으로 주목받고 있는 로봇공학자 데니스 홍 박사다. 그는 로봇공학자를 꿈꾸는 많은 청소년들의 롤모델로 가장 손꼽히는 사람 중 하나다.

몇 해 전, 내가 근무하는 수련관에서 수능이 끝난 고3 수험생들을 대상으로 데니스 홍 박사의 명사 특강을 진행한 적이 있다. 데니스 홍이 특유의 재치와 입담으로 꿈을 향한 경험담을 비롯해, 이제 또 다른 길에 도전하는 열아홉 살 청소년들에게 전하는 꿈과 희망의 메시지는 성인인 나에게도 큰 자극이 되고 동기부여가 되었다. 미국의 유명한 과학 잡지 〈파퓰러사이언스〉에서 '과학계를 뒤흔드는 젊은 천재 로봇 공학자 10인'으로 선정될 만큼 전 세계가 데니스 홍의 창의성에 주목하고 있다. 하지만 그는, "나는 결코 천재가 아니다. 나는 내 꿈을 설계했을 뿐이다!"라고 말한다.

그가 창의적인 아이디어로 누구도 상상하지 못한 새로운 로봇을 연이어 만들어내는 비결이 무엇일까? 그의 저서 《데니스 홍, 상상을 현실로 만드는 법》에서 데니스 홍은 "창의력이란 무에서 유를 창조하는 것뿐 아니라 전혀 다른 분야의 것들을 연결시키는 능력까지도 포함한다"라고 말한다. 새로운 아이디어를 떠올리는 것뿐만 아니라 문제를 다른 방식으로 접근해 풀어보거나, 전혀 다른 분야에서 영감을 얻어 새로운 것으로 '탈바꿈'시키는 것 역시 창의력이라고 볼 수 있다는 말이다. 그는 상상을 현실로 만드는 창의성을 기르기 위해서는 좋아하는 일, 잘하는 일 그리고 가치 있는 일이 무엇인지 찾으라고 조언한다.

데니스 홍은 어릴 때부터 자신이 좋아하는 일을 발견하고 '반드시 그 꿈을 현실로 만들겠다'는 각오로 자신을 믿고 열정을 다해 노력했다. 연이은 시행착오에도 그는 결코 좌절하지 않았다. 결국 내가 관심 있는 분야를 탐색하고, 좋아하는 일을 발견하고, 자신의 꿈을 설계해나가는 과정 속에서 창의성은 나도 모르게 쑥쑥 자란다는 것을 잊지 말자!

나의 미래는 내가 만들어갈 거야

영우는 초등학교 5학년 때부터 '파일럿'을 꿈꿔왔다. 중학생이 되어서도 자신이 좋아하고 잘하고 싶은 '비행기 운항'을 목표로 달렸다. 무엇보다 자기 자신이 재미있게 할 수 있는 일이라서 나름 열정도 있었고, 큰 굴곡 없이 순탄하게 나아가는 듯했다. 문제는 고등학교에 입학하면서 생겼다. 여느 고등학생처럼 일반계 고등학교에 입학한 영우는 여러 가지 입시 방식으로 이루어진 대학 진학 방법을 알아보다 문득 의문을 느꼈다.

'왜 항상 똑같은 교복에, 같은 시간표 속에서, 정해진 시험을 통해 나오는 성적으로 사람을 평가할까? 하물며 물건도 그 특성에 따라 쓰임새가 다른데 왜 외모도, 생각도, 성격도 모두 다 다른 학생들에게 다 같은 1차선의 길을 걷게 하는 거지?'

꿈을 이루기 위해 가야 하는 길을 공부라는 수단으로만 평가하고 일반화시키는 현실이 이해가 가지 않았다. 그러면서 영우에게 처음으로 슬럼프가 찾아왔다. 한 번의 시험을 위해 암기를 강요하는 공부는 진짜 공부라고 생각되지 않아서 의지와 열정도 생기지 않았다. 그러다 보니 자연스럽게 성적은 잘 나오지 않았다. 스트레스만 계속해서 쌓이다 보니 목표를 진정 이룰 수 있을지, 자신한테 맞지 않는 너무 높은 목표를 세운 것은 아닌지 자꾸 부정적인 생각이 들었다. 초등학교 때부터 비행기가 좋아서 파일럿을 오랫동안 꿈꿔왔지만, 이젠 그 꿈을 포기하고 싶었다.

그 순간, 지금까지 했던 활동과 모아 둔 자료와 사진, 기울였던 노력이 떠올랐다. 그러자 자신이 왜 비행기 운항이라는 꿈을 지금까지 목표로 하고 달렸는지, 왜 힘들게 노력해가면서 그 꿈을 일관되게 고집했는지 알 것 같았다.

'그래, 여기서 이대로 포기할 수는 없어. 현실을 탓하기보다는 내가 지금 할 수 있는 일들을 찾아보자.'

영우는 입시 교육에 결투를 신청하듯, 학교 교실에 앉아서 무작정 암기만 하는 공부에서 벗어나 학교 밖으로 나왔다. 그리고 점점 흐릿해져가는 목표를 다시 찾고 잡기 위해 여러 가지 경험과 활동을 했다. 좀 더 공부하고 알고 싶었던 비행기 관련 서적과 인터넷을 뒤지며 스스로 궁금한 것에 대한 해답을 찾기 시작했다.또 영어로 된 전문 서적을 읽기 위해 누가 시키지 않아도 영어 실력을 빨리 향상시키기 위해 노력했다.

호기심을 해소하며 하나씩 알아가는 새로운 지식과 배움에 영우는 점점 자신감이 붙었다. 시험에서 답을 찾는 일보다 내가 누구인지, 무엇을 원하는지 찾는 일에 더 중점을 두자 삶의 질도 훨씬 올라가고, 하고 싶은 공부에 대한 만족감과 능률도 올라갔다. 다양한 경험을 해보고 싶어 항공 분야 교육업을 하는 회사에서 인턴생활을 하면서 서류 처리와 업무 능력도 키우고, 사회생활 경험도 쌓아나갔다. 취미로 즐기던 드론의 비행 능력 교육을 받기도 했다. 정말 포기하기 싫을 정도로 속이 상하는 시기도 있었지만, 그럴 때에도 영우는 다시 일어났다.

영우는 자신의 관심 분야에 대해 웹서핑과 사전조사, 행사 참여로 정보 수집을 하면서 여러 길을 찾기 위해 노력을 기울였다. 그러던 중 더 큰 세계를 볼 수 있는 유학이란 길을 발견하게 되었다. 낯선 곳에서 홀로 공부를 한다고 상상하니 불안함과 생소한 느낌이 들었다. 하지만 영우에게는 '나의 꿈을 향해 일관성 있게 꾸준히 도전해갈 것'이라는 자신에 대한 믿음이 있었다.

힘들고 고민도 많았던 시기를 잘 극복하면서 영우는 점점 단단해졌다. 그리고 지금은 오래전부터 준비해온 더 큰 세계를 볼 기회를 찾기 위해 미국에서 유학이라는 새로운 길에 도전하고 있다.

창의적인 인재란?

창의성은 사람이 지닌 기본 속성이다. 누구나 창의적인 인재가 될 수 있다는 뜻이다. 그렇다면 여러분은 창의적인 사람이 어떤 사람이라고 생각하는가? 새로운 아이디어를 잘 내는 사람? 혹은 공부 잘하는 인재? 혹은 창의적인 사람은 엉뚱하고 괴짜라고 생각하고 있지는 않은가?

나는 창의적인 사람이란 자신이 좋아하고 관심 있는 분야를 탐색하고 그 분야에 끊임없이 몰입하며 자신의 꿈을 설계해가는 사람이라고 생각한다. 창의성은 자신의 능력을 발견하고, 스스로 문제를 해결하기 위한 가장 슬기롭고 현명한 힘이다. 특별하거나 새로운 아이디어를 내지 않아도 그저 내 주변에 있는 것들에 관심을 기울이고 호기심과 열정을 키워간다면 여러분도 충분히 자신의 길을 스스로 만들어가는 창의적인 사람이 될 수 있다.

독일의 시인 빌헬름 부쉬는 말했다.

"남의 발자국을 따라가면 아무 발자국도 남기지 못한다."

좀 다른 길로 가도 괜찮다. 정답을 따라가지 않아도 괜찮다. 새로운 일에 도전할 때 두려워하거나 남들의 시선 때문에 의기소침해하지 않아도 된다. 이루고 싶은 목표가 있으면 후회 없이 도전해보자. 자신의 실패를 합리화하기 위해 변명거리를 늘어놓고, 남의 탓으로 돌리는 것은 자기 자신에게 비겁한 행동이다. 결과를 떠나서 나 자신에게 부끄럽지 않은 내가 되도록, 나중에 후회하지 않도록 지금 내가 처한 상황 속에서 할 수 있는 최대한의 열정과 노력을 다해보자. 그것이 내가 창의적인 인재가 되는 가장 빠르고 현명한 방법이다.

Self Action Plan. 만약 나에게 초능력이 생긴다면?

만약 나에게 초능력이 생긴다면 어떤 능력을 갖고 싶나요?
순간 이동? 투명인간? 사람의 마음을 읽는 능력?
엉뚱해도 괜찮아요! 상상의 나래를 맘껏 펼쳐보세요!

Dream Talk 꿈 인터뷰

꿈쌤: 푸르메, 안녕! 시험 기간이었는데 시험은 잘 봤어?

푸르메: 앗! 그, 그게……. 하하, 시험이야 뭐, 늘 그렇듯 그럭저럭 쳤어요.

꿈쌤: 시험도 끝났는데 제일 하고 싶은 게 뭐야?

푸르메: 음, 일단은 푹 자고 싶고요. 그런 다음에는 머리도 식힐 겸 제 아지트가 있는 인사동에 다시 가고 싶어요! 가서 시험 기간을 핑계로 미뤄뒀던 고서들도 다시 뒤적거려보고, 경매에 나온 옛날 문화재들도 감상하면서 에너지 좀 충전해야죠!

꿈쌤: 쌤은 역사가 그저 어렵게만 느껴지는데 푸르메는 역사에 관한 이야기를 할 때 가장 반짝이는 것 같아. 역사 공부가 그렇게 좋아?

푸르메: 그럼요! 역사는 제게 있어 천생연분 같은 거예요! 왜 좋아하게 되었는지는 저도 잘은 모르겠지만…… 그냥 태어나보니까 좋아하고 있더라고요. 역사 공부를 하면서 스트레스 풀 정도니까요. 흐흐, 남들 눈엔 좀 이상해 보이겠죠?

꿈쌤: 역사 덕후 인정! 고3 수험생인데 요즘 가장 힘든 건 뭐야?

푸르메: 일단 학교가 너무 싫어요……. 학교 가는 거 빼고 모든 게 다 재미있을 정도예요. 심지어 뉴스를 보는 게 훨씬 더 재미있을 정도예요. 그리고 무엇보다도 체력이 자꾸 딸리는 것 같아요. 야자 다 끝내고

집에 도착하면 운동을 한 것도 아닌데 숨이 차는 느낌이랄까요? 이제 대입을 앞두니까 제가 잘하고 있는지도 제 스스로 확신이 안 서고요. 이렇게 말하고 나니까 힘든 게 정말 많네요.

꿈쌤: 요즘 푸르메가 많이 힘든 모양이구나. 앞으로 10년 뒤 푸르메는 뭘 하고 있을지 한번 상상해 볼까?

푸르메: 흠, 10년 뒤면 30대니까 여전히 학교를 다니고 있지 않을까요? 저는 공부를 좀 오래, 깊게, 넓게 할 작정이에요. 유교나 불교 같은 동양철학, 한문, 지리, 고고미술을 넘나들면서 폭넓은 지식을 쌓고 싶어요! 그래서 아마 저는 30대 때 도서관에 앉아서 열심히 책을 들여다보고 있을 것 같아요. 휴, 학교 생활은 언제쯤 끝이 날까요……

꿈쌤: 싫어하는 학교지만 꿈을 위해 도전하는 푸르메가 정말 자랑스럽다. 푸르메처럼 자기 분야의 덕후가 되기를 꿈꾸는 청소년들에게 한마디 해준다면?

푸르메: 덕후는 좋은 거야, 얘들아! 진짜로 하고 싶은 게 있고, 꿈이 있으면 그냥 해! JUST DO IT! 자기가 좋아하는 것에 최선을 다해 몰두하다 보면 언젠가 최고가 되어 있을 거야! 덧붙여 말하자면, 덕후는 좋은데 외골수는 되지 말기! 좋아하는 것에 몰두하더라도 견문을 넓히려는 노력을 같이 곁들이면 진짜로 보이는 게 많아지더라고. 우리 모두 전문가가 되어서 사회에서 만나는 날이 왔으면 좋겠다! 예비 덕후들 파이팅!

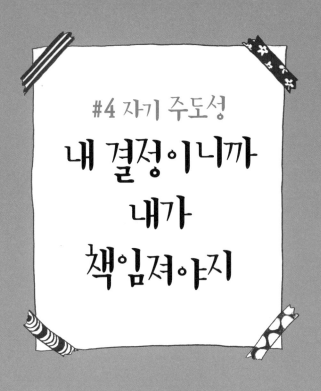

#4 자기 주도성

내 결정이니까
내가
책임져야지

"세상은 자기가 어디로 가고 있는지 아는 사람에게 길을 만들어준다."
– 랄프 왈도 에머슨 –

꿈쌤
계란 프라이와 병아리의 차
이점이 뭘까?

채윤
계란 프라이는 죽어 있고,
병아리는 살아 있어요.

 꿈쌤
그럼 계란 프라이는 왜 죽어 있
고, 병아리는 왜 살아 있을까?

채윤
글쎄요?

 꿈쌤
스스로 알을 깨고 나오면 생명을
가진 한 마리의 병아리가 되지만,
스스로 알을 깨지 못하고 남이 깨
주면 결국 계란 프라이가 된대.

채윤
그럼 누가 알을 깨느냐가
중요한 거네요?

 꿈쌤
그렇지! 인생도 마찬가지란다.
내 인생은 누가 깨주는 것이 아니라 내가
스스로 깨고 나와야 하는 거야.

  SMS/MMS OK

나는
내 삶의
주인일까?

● 　행복지수 1위인 덴마크의 학생들은 초등학교부터 중학교까지 9학년을 다니고, 10학년에 1년 동안 '애프터 스쿨(After School)'을 다닌다. 애프터 스쿨은 고등학교에 들어가기 전 앞으로 내가 어떤 인생을 살지 설계하는 학교로, 250여 개의 애프터 스쿨에 3만 명의 학생들이 다니고 있다. 덴마크의 학생들은 애프터 스쿨을 통해 우리나라와 같은 틀에 박힌 주입식 교육이 아닌, 수많은 실패와 성공을 자율적으로 경험하면서 스스로의 인생을 책임질 수 있는 사람, 올바른 결정을 내릴 수 있는 사람으로 성장할 수 있는 교육을 받는다. 애프터 스쿨에서 가장 중요한 과정은 바로 직접 인생 계획을 짜 보는 것이다. 인생 계획 짜기 수업은 1년에 네 번, 일주일씩 진행된다. 이때 학생들은 이런 질문을 받는다.

"서른다섯에 무엇이 되고 싶은가?"

"만약 당신의 꿈이 선생님이라면 그것을 가능케 하는 구체적 플랜을 짜라."

애프터 스쿨의 인생 계획 짜기 수업은 '스스로'와 '더불어'라는 두 개의 바퀴로 굴러간다. 여기서 스스로 결정하는 법을 배우는 것이 매우 중요하다. 또한 어떤 상황이 발생하더라도 회피하거나 도망가지 않고 자신의 결정에 책임질 수 있는 자세, 즉 자기 주도성을 강조한다. 자기 주도성이란 말 그대로 남이 시키지 않아도 자기가 주도하는 것을 말한다.

자기 주도적으로 삶을 살아갈 때 자기 인생의 주인으로 살 수 있고, 그래야 행복해질 수 있다. 누군가 알려주고 조언해줄 수는 있지만 내 인생을 대신 살아주지는 못한다. 특히 진로는 자기 주도성을 갖고 신중하게 결정해야 한다.

여러분은 진로 선택의 기준을 어디에 두는가? 적성, 선호도, 사회적 지위, 안정, 보수, 명예 등 저마다의 기준으로 진로를 선택할 것이다. 그런데 그 결정의 중심을 '나'에게 두는 사람도 있고, '타인'에게 두는 사람도 있다. '이 일이 내가 정말 원하는 일일까? 나는 왜 이일을 하고 싶은 걸까?'라며 선택의 중심을 자신에게 두는 사람이 있는 반면에, '요즘 이 직업이 안정적이고 남들이 다 좋아하니까 나도한번 해봐야지' 또는 '내가 이 진로를 선택하면 주변에서 뭐라고할까? 나를 어떻게 생각할까?'라며 타인을 먼저 의식하는 사람이 있다.

병아리와 계란 프라이의 차이점은 무엇일까? 스스로 알을 깨고 나오면 생명을 가진 한 마리의 병아리가 되지만, 스스로 깨지 못하고 남이 깨주면 결국 계란 프라이가 된다. 여기서 포인트는 '누가 알을 깨주느냐'다. 인생도 마찬가지다. 내 인생의 주인, 셀프 리더가 되려면 부모님이나 친구 등 타인에 의존하며 누군가 깨줄 것을 기대하는 것이 아니라 스스로의 힘으로 깨고 나와야 한다. 내 삶의 주인이 되어 나를 지키는 힘이 바로 셀프 리더십이다. 나 자신에게 한번 물어보자.

"나는 내 인생의 주인일까?"

꼭 대학에 가야 할까?

다빈이는 중학교 때까지만 해도 공부를 잘하는 학생이었다. 초등학교 때부터 좋은 성적을 받았고, 중학교에 가서도 상위권을 차지해 부모님의 기대가 컸다. 자연스레 부모님의 바람과 학원 선생님의 지지로 다빈이는 특목고 진학을 목표로 삼게 되었다. 특목고를 가기 위해 생활기록부를 맞추다 보니 다빈이의 꿈, 특기, 취미는 모두 다 잘 짜인 각본 같았다. 그렇게 준비를 하다 보니 '나의 행복보다는 명성을 위해 특목고에 가는 건가?'라는 생각이 들기도 했다. 그런데 안타깝게도 '불합격'이라는 소식이 들려왔다. 처음에는 다빈이도 실망을 했지만 점점 다행이라고 여겨졌다. 그렇게 불합격이라는 이름 아래 서서히 공부에 대한 열정은 식어갔고, 새롭게 춤이라는 취미가 생기게 되었다.

중학교 끝 무렵에 다빈이는 친구의 권유로 처음 장기자랑에 참가를 했다. 무대에 올라 춤을 추다 보니 사람들의 환호와 박수에 자신감이 생겼다. 사람들 앞에 서는 것이 두려웠던 다빈이에게 큰 전환점이 되기도 했다. 일반고에 진학하고서 댄스 동아리에 들어가 실력보다는 재미로 춤을 췄지만, 점차 실력이 늘어가면서 뿌듯함도 느끼고 댄스 동아리 기장이라는 타이틀을 얻으면서 자신감도 생겼다. 춤뿐만 아니라 스스로 여러 가지 일들을 하면서 경험과 추억을 쌓는 것이 의미 있게 느껴졌다. 시간이 흐를수록 다빈이는 공부에 대한 관심이 줄어들었다. 하지만 다빈이의 부모님은 공부에 재능을 보이던 딸이 춤이라는 장해물을 만나 점점 공부에서 멀어지는 것을 원치 않았다. 다빈이는 고민에 빠졌다.

'꼭 대학에 가야만 할까? 왜 대학에 가야 하는 걸까?'

다빈이는 '대학'을 꼭 가야만 하는가에 의문을 갖기 시작했다. 공부를 손에서 놓자 점차 하고 싶은 것, 흥미 있는 것에 눈이 떠지기 시작했다. 누군가 정해준 틀이 아닌 자신이 진정으로 원하는 일들을 하다 보니까 점점 행복함을 느꼈다. 부모님은 다빈이의 생각과 이야기를 다 들어주고 존중해주었다. 덕분에 다빈이는 청소년기에 해보고 싶었던 해외 봉사, 단역 배우 활동, 청소년 강연기획단 같은 다양한 활동을 경험할 수 있었다.

대학에 가는 대신 취업의 길을 선택한 다빈이는 디자인도 배우고 싶고, 유튜버도 되고 싶고, 취직도 하고 싶어서 위탁교육을 신청했다. 위탁교육을 신청하기까지 많은 생각과 고민이 있었고, 주변의 반대도 많았다. 담임선생님은 다빈이의 부모님에게 전화해 다시 한 번 생각해보라고 권유하기도 했다. 다빈이가 학교생활을 굉장히 열심히 했기에 이를 반대하는 분들이 더 많았다.

다빈이는 그동안 생활기록부에도 신경을 많이 쓰고 바른생활부, 부반장, 자율 동아리 등 여러 가지 활동을 하며 어떻게 될지 모르는 자신의 미래에 해가 되지 않게 노력했다. 그러다 문득 이런 의문이 들었다.

'왜 우리는 그 대학교에 가기 위해, 그 과에 가기 위해 생활기록부를 억지로 맞춰야 하는 것일까? 왜 내가 잘하는 것이 따로 있어도, 좋아하는 것이 있어도 외면해야만 하는 것일까?'

밤마다 자신의 꿈과 진로를 생각하며 깊은 고민에 빠져 스스로에게 많은 질문을 던졌다. 다빈이는 지금 자신이 하고 싶은 것을 포기하고 사회에서 생존하기 위해, 단순히 좋은 대학에 진학하기 위해 아등바등 살고 싶지 않았다. 춤을 추면서 사람들 앞에 서는 법도 배우고 많은 친구도 사귀었고, 해외봉사에 나가면서 영어의 필요성과 그곳 아이들의 마음을 느꼈다. 친구들이 학교에 가 있는 동안 집에서 뒹굴뒹굴하고 있는 자신을 발견하면 스스로를 한심하게 생각하고 반성하며 성찰하기도 했다. 꼭 대학을 위한 학교 공부가 아니어도 자신이 하고 싶은 일들을 하나둘씩 경험해보면서 많은 것을 배울 수 있다는 것을 깨달았다. 자연스레 대학을 가고자 하는 마음이 점점 사라지고 위탁교육을 신청하기로 다짐했다.

다빈이는 지금 이전에 다니던 일반고 친구들과 헤어지고 자신의 꿈을 위해 한 발짝 다가가고 있는 중이다. 이제 열아홉 살이 된 다빈이는 수능을 준비하는 다른 고3 친구들과는 다른 길을 걸어가고 있다. 그러나 다빈이는 후회보다는 기대가 크다. 앞으로 자신이 걸어가는 인생의 길 앞에 어떤 일이 벌어질지 궁금해하며 새로운 사람과의 인연을 기대하고 있다.

다빈이는 자기 인생의 주인으로서 자신의 길을 당당히 걸어가는 셀프 리더다. 어떤 일이든 어떤 시간이든 어떤 곳이든, 내가 인생의 주인이 되어 스스로 결정하고 자기 주도적으로 이끌어간다면 그것만으로 많은 것을 배울 수 있고 행복할 수 있다는 것을 알고 있기 때문이다.

자기중심적인 것 vs 자기 주도적인 것

큰딸 채윤이가 올해 초등학교에 입학을 했다. 나는 일과 육아를 병행하는 워킹맘인 터라 아이의 초등학교 입학을 앞두고 걱정이 많았다. 아직 엄마 눈에는 어린아이였기에 학교에 잘 적응할 수 있을지 괜스레 불안하고 걱정이 되었다. 그런데 걱정도 잠깐, 초등학교에 입학한 채윤이가 달라졌다.

"엄마, 이제 혼자 학교에 갈 수 있어요."

"엄마, 실내화는 제가 빨아보고 싶어요."

"엄마, 내가 할 수 있으니까 엄마가 먼저 해주지 마세요."

채윤이는 이제 제법 다양한 상황 속에서 스스로 주도권을 가지고 문제를 해결해나가려고 한다. 스스로 해내려는 모습을 보면 참 대견하고 기특한데, 그러다가도 가끔 동생과의 관계에서 자기중심적으로 생각하고 행동해서 나를 당황시킬 때가 있다.

'주도성'의 사전학적 의미는 '주도적 입장에 서는 성질이나 특성'을 말한다. 한편 심리학적 의미에서 '주도성'은 '자신이 주체적으로 타인을 선도하는 것'을 말한다. 즉, 나 혼자 주도적으로 하는 것이 아니라 내가 중심이 되어 타인과 함께 어우러지는 것을 의미한다. '자기중심적'이 아닌 '자기 주도적'으로 삶을 이끌어나가는 것이 중요하다. 스스로 주도권을 갖는 것은 중요하지만, 자칫 자기중심적인 행동을 자기 주도적인 것처럼 착각할 수가 있다.

'자기중심성'과 '자기 주도성'은 엄연히 다르다. 자기중심적인 사람은 모든 관점이 '나'에게 초점이 맞춰져 있다. 그래서 타인이 나의 생각과 결정을 존중해주지 않으면 속상해하거나 좌절감을 느끼며 화를 낸다. 한편 자기 주도적인 사람은 '나'와 '타인'에 적절하게 초점을 맞춘다. 타인과 나의 생각이 맞지 않다고 무조건 내 중심적으로 밀고 나가는 것이 아니라 내가 하고 싶은 것을 이루기 위해 상대방을 설득하거나 자신의 생각을 조절하여 문제를 해결해보려고 노력한다. 자기중심적인 것과 자기 주도적인 것은 '나'에게 초점이 맞춰져 있다는 점에서는 비슷하지만, '타인과 함께하기 위해 나의 요구를 얼마나 조절할 수 있느냐'에 차이가 있다.

때로는 상대방이 내 생각대로 맞춰주지 않아 속상할 때도 있고, 실패할까 불안하기도 하고 좌절도 하겠지만 그 속에서 상대방을 배려하고 이해하며 자기 주도성을 갖고 스스로 노력하는 과정을 통해 자신의 삶도 점차 자기 주도적으로 변화시킬 수 있다. 누구의 지시나 도움에 의해서가 아니라 자기 자신이 주도권을 가지고 행동하다 보면 자연스레 내 안의 가능성을 발견하게 된다. 공부뿐만 아니라 어떤 일에서든 자기 주도성을 갖고 스스로 문제를 해결해나가며 그 상황을 돌파해나가면 더 단단한 내가 될 수 있다.

내 인생의 주인으로서 행복하고 당당하게 살아갈 수 있도록 자기 주도성을 갖고 스스로 무언가를 할 수 있는 기회를 나 자신에게 자꾸 만들어주자. 지금 당장 눈앞에 뚜렷한 성과가 보이지 않더라도 이런 크고 작은 경험이 쌓이고 쌓이다 보면 삶을 주도적으로 살아가는 데 큰 힘이 될 것이다. "나는 내 인생의 주인일까?"라는 질문에 다시 한 번 당당히 "Yes!"라고 말해보자.

Self Action Plan. 자기 주도적으로 경험하는 기회를 자주 만들어라!

지금까지 살아오면서 자기 주도적으로
무언가를 해본 경험이 있나요?
가족, 친구, 공부 등 다양한 경험들을 떠올려보고
그런 경험들이 내게 어떤 의미가 있었는지 생각해보세요.
ex) 용돈을 모아 엄마의 생신 선물을 사드렸다.

내 인생은 내가 결정할래!

• 나는 평소에 SBS 프로그램 〈영재발굴단〉을 즐겨 보는 편이다. 〈영재발굴단〉은 대한민국 곳곳에 숨어 있는 영재들을 찾아 그들의 일상을 리얼하게 담아내고, 그 영재성을 더 키울 수 있는 기회를 마련해주는 프로그램이다. 타고난 천재성을 지닌 아이도 있지만, 그보다는 어릴 때부터 자신이 좋아하는 일을 발견하고, 그것을 더 잘하기 위해 스스로 노력하는 친구들이 근사했다.

며칠 전에도 어김없이 온 가족이 둘러앉아 〈영재발굴단〉을 보았다. 그중 비행기를 사랑하는 열세 살 소년 성흠이의 모습이 참 인상 깊었다. 전라남도 순천에 사는 성흠이는 비행기 기종은 물론, 항로와 목적지까지 줄줄 꿰고 있는 비행기 마니아였다. 방 안에도 모형 비행기가 한가득이었다. 게다가 오로지 비행기를 보기 위해 부모님과 함께 전라남도 순천에서 왕복 여덟 시간에 이르는 거리를 이동해 인천공항에 온다고 한다. 더 놀라운 것은 공항에 왔다 하면 평균 여섯 시간, 길게는 열 시간 넘게 비행기의 이륙과 착륙을 보고 돌아간다는 사실이다. 비행기와 가장 가까이서 오랜 시간을 보내고 싶은 성흠이의 꿈은 '파일럿'이다.

성흠이는 그저 꿈만 꾸는 데 그치지 않았다. 열세 살 아이가 보기엔 다소 어려운 전문 항공 서적으로 공부도 열심히 하고 있었다. 실제 파일럿들이 본다는 항공 영어 시험 'EPTA' 모의시험에도 당당히 합격하고, 집에서 틈틈이 실전 영어 연습도 했다. 그런 성흠이가 꿈에 한 발자국 더 다가갈 수 있도록 제작진이 비행기를 운전하는 기장과 만남도 주선해주고, 비행기 조종석에 앉을 기회도 마련해주었다. 비행기 조종석에 앉아 너무나 행복해하는 성흠이의 모습에 방송을 보는 나까지 미소가 절로 지어졌다. 성흠이는 자신의 인생에서 '자기 결정권'을 잘 행사하고 있었다.

자기 결정권? 생소하게 들릴지도 모르겠다. 자기 결정권이란 스스로 설계하는 삶을 옳다고 믿으며 살아가려는 의지이자 권리를 말한다. 인생을 살면서 가장 중요한 것은 자기 결정권을 행사하는 일이다. 그러고 보니 신기하게도 자신의 삶을 주도적으로 살아가는 셀프리더들은 하나같이 모두 자신의 인생을 스스로 결정한다는 공통점이 있다.

내 인생을 스스로 결정한다는 것

호이를 처음 알게 된 것은 페이스북을 통해서였다. 잘 모르는 열여덟 살의 한 남학생이 어느 날 페이스북을 통해 친구 요청을 해왔다. 친구 요청을 수락하기 전에 어떤 친구일까 궁금한 마음에 이 친구의 페이스북에 들어간 나는 깜짝 놀랐다. 아직 고등학생임에도 불구하고 '김호이의 사람들'이라는 개인사업자 등록을 한 CEO였다.

세계적인 인터뷰어를 꿈꾸는 호이의 도전은 거침없었다. 〈아주경제〉 명예기자로 활동하면서 국내외 다양한 분야의 사람들을 만나 인터뷰를 하며 어린 나이에도 자신의 꿈을 향해 당당하게 걸어나가는 호이가 참 대견했다. 그래서 이 책을 집필하면서 꼭 호이의 이야기를 담고 싶은 마음에 이번에는 내가 먼저 인터뷰 요청을 했다.

호이는 중학교 1학년 때 동아리 선생님의 추천으로 특허청 청소년 발명기자단에서 활동을 하게 되었다. 처음에는 그저 호기심으로 시작했는데 막상 활동을 하다 보니 자신의 적성과 잘 맞는다는 사실을 깨달았다. 부산 취재를 가기 위해 새벽 4시에 집에서 나와 첫 기차를 타면서도 너무 즐거웠다.

취재를 하다 우연히 창업에 관심을 갖게 된 호이는 중학교 3학년 시험 기간이 끝난 후 들으러 갈 강연을 찾아보고 있었다. 하필 시험이 있는 그날 포럼 강연이 있다는 소식을 듣고 갈까 말까 고민을 하다가 '에이, 몇 시간 더 공부한다고 성적이 오르겠어?'라는 생각으로 포럼장에 갔다. 그런데 그날이 인생의 터닝 포인트가 될 줄이야! 호이는 행사장에서 우연히 〈아주경제〉의 곽영길 회장님을 만났다. 어린 학생이 당차게 인사하는 모습을 본 당시 회장님은 호이의 멘토가 되어주겠다고 했다. 2015년 중학교 3학년 때 'GGGF 2015' 행사에 청중으로 참석했던 호이는 이를 계기로 2016년 'GGGF 2016' 행사에는 강연자 및 패널로, 그리고 2017년 'GGGF 2017' 행사에서는 사회자로 강연 및 토크 콘서트를 진행했다. 게다가 회장님의 추천으로 〈아주경제〉의 명예기자가 되어 인터뷰를 시작으로 2017년 〈김호이의 사람들〉이라는 인터뷰 전문 콘텐츠 회사를 창업했다. 그때부터 지금까지 호이는 매주 한두 건 이상의 인터뷰를 게재하고 있다.

학교 수업이 끝난 후 인터뷰 요청을 하거나 사람들을 만나 인터뷰를 계속하다 보니 아무래도 주변에서 걱정이 많았다.

"지금이 어떤 시기인데, 공부나 하는 게 어때?"

"결국 스펙 쌓으려고 이런 활동하는 거 아니야?"

자신이 정말 좋아서 하는 일이 남들에게는 그저 대입을 위한 스펙으로 비춰진다는 사실에 호이는 충격을 받기도 했다. 학교 공부와 병행하면서 인터뷰 활동을 하는 것도 쉽지 않았다. 주위에서 고등학생이 공부는 안 하고 인터뷰나 한다며 "다 네가 학생이니까 귀여워서 만나주는 거야"라고 비웃기도 했다. 그럼에도 불구하고 호이가 포기할 수 없었던 이유는 바로 자신이 결정한 꿈이기 때문이다.

누군가 시켜서 한 일이었다면 아마 지금처럼 발로 뛰는 CEO라는 타이틀을 가지지 못했을 것이라고 호이는 말한다. 인터뷰로 세상을 바꾸는 세계적인 인터뷰어를 꿈꾸는 호이의 미래가 무척 기대된다.

"호이야, 선생님도 언젠가 인터뷰해줄 수 있지?"

자기 결정권을 행사하라!

철학자 존 스튜어트 밀은 말했다.

"사람은 누구든지 자신의 삶을 자기 방식대로 살아가는 것이 바람직하다. 그 방식이 최선이어서가 아니라 자기 방식대로 사는 길이기 때문에 바람직하다."

같은 일이라도 자기가 선택했다는 느낌이 들어야 흥미를 느끼고 누가 시키지 않아도 자발적으로 즐겁게 하게 된다. 무조건 꼭 해야 한다는 압박을 느끼는 순간 그것에 대한 흥미를 잃어버리기 시작한다. 그만큼 자기가 하는 일을 스스로 결정한다는 것은 내 삶의 셀프 리더로서 중요한 과제이기도 하다. 그런데 대한민국의 청소년으로 살아가기는 쉽지가 않다. 입시 위주의 교육 현실 속에서 내 인생에 대한 '자기 결정권'을 행사하며 살아가기가 참 어렵다. 학업에 치여 내 인생의 자기 결정권을 행사한다는 것이 얼마나 중요한지 잊고 살아가는 것은 아닐까? 부모님이 하라니까, 다들 대학에 일단 가라고 하니까 막연하게 공부를 하는 것은 아닌지 한번 돌아보자.

청소년기에 여러분이 꼭 배워야 하는 것은 바로 자신의 인생을 스스로 설계하고 결정하는 법이다. 자기 인생을 스스로 결정할 수 있는 사람이 자기 인생의 주인으로 살 수 있고, 그래야 행복해질 수 있기 때문이다. '자기 결정권'을 행사한다는 것은 생각보다 어렵지 않다. 그저 내 의지대로 내 인생을 결정하면 된다. 이런 과정을 통해 자기 주도성을 키울 수 있다.

《성공하는 사람들의 7가지 습관》의 저자 스티븐 코비는 내가 중심이 되는 주도적인 삶이란 나의 자아의식과 상상력, 그리고 양심을 가지고 진실로 가치 있다고 생각하는 것을 마음속에 간직하는 것을 의미한다고 말한다. 다시 말해 자신이 마음속으로 결정한 가치대로 행동하고 실천할 때 우리는 자기 주도적이고 가치 있는 삶을 살 수 있다. '내가 무엇을 좋아하지?', '내가 배워보고 싶은 것은 뭘까?', '내가 해보고 싶은 일은 뭘까?', '내 꿈은 뭘까?' 등 이런 질문에 자신의 가치대로 스스로 결정해서 답할 수 있어야 한다. 그러려면 먼저 내가 좋아하고 즐겁게 할 수 있는 것을 선택해야 한다. 비행기를 좋아하는 성흠이도, 사람을 만나 이야기하는 것을 좋아하는 호이도 모두 스스로 자신이 좋아하는 것을 선택하고, 자신의 인생을 스스로 설계해나가고 있다. 자신이 하고 싶은 일을 스스로 결정하고 설계하고, 누가 시키지 않아도 그 길을 향해 스스로 탐색하도록 노력해보자. 누가 뭐래도 내 인생은 내가 결정하기!

Self Action Plan. 셀프 인터뷰

내 인생은 내가 결정합니다. 내가 나를 인터뷰 해볼까요?

"나는 무엇을 좋아하지?"

"내가 배워보고 싶은 것은 뭘까?"

"내가 해보고 싶은 일은 뭘까?"

"나의 꿈은 무엇일까?"

"내 인생의 중요한 키워드는 뭘까?"

"내가 지금 원하는 것은 뭘까?"

내 영화 속
주인공이
되는 법

인생은 한 편의 영화와 같다. 사람들은 누구나 태어나는 순간부터 자신만의 영화를 찍고 있다. 태어날 때에는 다 똑같은 아기지만, 점점 커가면서 자신이 연출하는 한 편의 시나리오대로 인생의 영화를 찍게 된다. 내 영화 속 주인공은 그 누구도 아닌 바로 나다. 내 인생의 영화는 주연배우부터 감독, 시나리오, 대본까지 모두 내가 만들어가야 한다. 만약 내 인생이 한 편의 영화라면, 내 인생은 어떤 영화일까? 코미디나 시트콤? 휴먼 다큐멘터리나 가족 영화? 반전 있는 스릴러? 혹은 사랑이 넘치는 로맨스? 여러분은 내 인생의 영화를 어떤 내용들로 채우고 싶은가?

나는 우울하고 어두운 내용보다는 밝고 기분 좋은 내용으로, 지루하고 밋밋한 내용보다는 재미와 스릴이 넘치는 흥미진진한 내용들로 가득한 내 인생의 영화를 만들고 싶다. 그러기 위해서 나는 오늘도 평범한 일상을 특별한 명장면으로 만들기 위해 나만의 대본을 써가며 매일 영화를 찍는 기분으로 살아가고 있다. 내 영화 속 주인공은 누가 뭐래도 나니까.

한 편의 영화 속 주인공처럼

예빈이는 아주 어렸을 적부터 책 읽고, 그림 그리기를 좋아했다. 때로는 피아노를 치다가 청음과 작곡에 매료되어 악보를 쓰고 싶다는 생각이 들기도 했다. 예빈이는 예술에 소질을 보였다. 자연스레 순수했던 어린 꼬마는 화가를 꿈꾸고, 작가를 꿈꾸며 예술 분야에서 일을 하고 싶어 했다. 하지만 점점 커가면서 현실이라는 벽을 보게 되었다.

"예술가들은 먹고살기 힘들단다. 성공하기도 하늘의 별따기야."

어른들의 걱정과 우려 속에 고등학교에 올라가서는 어른들이 바라는 안정적인 직업인 '국어 교사'를 생활기록부에 억지로 써서 낸 적도 있다.

예빈이는 현실이라는 높은 벽 앞에 어린 시절의 꿈은 그저 마음속에 담아두고, 그 벽을 넘어가기 위한 사다리를 만들기 시작했다. 그렇게 막연히 공부만 하던 고등학교 2학년, 12월이 다 되었을 때 예빈이에게 조금씩 변화가 생겼다. 학교 수행평가 때문에 친구들과 영상을 찍게 되었는데 본의 아니게 예빈이가 각본, 연출, 편집을 모두 맡게 된 것이다. 낮부터 저녁까지 종일 촬영을 하고, 밤부터 새벽 6시까지 한 번도 쉬지 않고 약 여덟 시간 동안 컴퓨터 앞에서 편집만 했다. 그런데 신기하게도 전혀 피곤하거나 지루하지 않았다. 오히려 친구들과 촬영을 하고 편집을 하는 시간이 너무나 즐겁고 행복했다. 문득 예빈이는 자신이 이 일에 열정이 있다는 것을 깨닫게 되었다.

마침 함께 촬영했던 친구 중 한 명이 정말 하고 싶은 일이 생겼다며 '뮤지컬 배우'로 진로를 바꿨다. 고3을 코앞에 두고 현실에 맞서 보겠다는 그 친구의 용기가 멋지고 부러웠다.

'나는 해보고 싶은 일이 있어도 현실 앞에 망설이고 있는데……. 내 영화 속 주인공은 나인데……. 그래, 내 인생의 영화는 내가 만들어가는 거야!'

예빈이는 현실이라는 벽 앞에서 늘 주춤했지만, 이번에는 그 벽을 넘어가보리라 다짐했다. '나는 영화감독이 될 거야! 그래, 나중에 후회하더라도 일단 한번 노력해보고 도전이라도 해보자'라는 간절한 마음이 예빈이에게 용기를 심어줬다.

현재 예빈이의 꿈은 영화감독이다. 영화감독을 꿈꾸는 지금, 자신의 진짜 꿈을 찾게 된 지금, 예빈이는 그 꿈을 위해 누구보다 열심히 노력하고 있다. 고3이 돼서야 꿈을 찾은 만큼 남들보다 공부할 것도 많고, 준비해야 할 것도 많다. 꿈을 위해 눈물을 머금고 포기해야 하는 일도 있었다. 하지만 진정한 꿈을 위해서 지금 당장 하고 싶은 일을 포기할 줄도 알아야 한다는 사실을 받아들였다.

아주 중요한 고3 시기에 예빈이가 결정한 선택은 어쩌면 힘든 도전일지 모른다. 하지만 예빈이는 진짜 '나'를 받아들였다. '타인의 조언', '사회적 분위기', '현실', '돈'이라는 남의 시선이나 외적 요소들에 의해 좌지우지되었던 '가짜 나'를 벗어버리고 자신의 길을 스스로 닦아내며 찾아가는 '진짜 나'를 발견한 것이다.

진짜 나를 인정하고 받아들인 예빈이는 마음이 한결 편안해졌다. 현실의 벽을 넘기가 힘들었지만 막상 그 벽을 넘고 나니 걱정보다는 앞으로 펼쳐질 내 영화 속 시나리오를 어떻게 써내려갈지, 어떤 흥미진진한 명장면으로 영화를 가득 채울지 기대하고 있다.

영화 속 주연이 되는 예빈이의 인생 영화가 어떻게 펼쳐질지 기대가 된다. 아마 현실과 꿈 앞에서 고민하며 힘들어하던 장면은 훗날 영화감독이 된 예빈이의 인생 영화에서 Best 명장면 중 하나가 되지 않을까?

인생이라는 무대의 주인공은 나다

누구도 나 자신을 대신해서 살아갈 수는 없다. 꿈을 꾸는 것도, 인생이란 내 영화를 찍는 것도 결국 나 자신이다. 그러니 꿈을 꿀 때도, 목표를 정할 때도 다른 이유들 때문에 혼란스러워하지 말고 내가 바라는 대로 결정하고 나만의 시나리오를 써내려가야 한다.

만약 꿈과 현실 앞에서 고민하고 있다면 고민을 고민으로만 끝낼 것이 아니라 꿈과 현실을 서로 타협하며 조화시키려는 시도를 해야 한다. 생각지 못한 반전 상황이 닥치더라도 이 또한 오히려 내 인생의 영화를 흥미진진하고 빛나게 해주는 하나의 장치라고 생각하면 오히려 그런 위기가 고맙기도 하다.

이 책을 집필하면서 나는 이와 비슷한 경험을 했다. 이 책을 출간하기까지 생각지 못한 반전과 수많은 장해물이 가득한 현실과 꿈 사이에서 나 자신과 끊임없이 타협해야 했다. '이 책을 출간해서 아이들한테 꼭 선물해주고 싶어!'라는 간절한 꿈과 '일과 육아를 병행하면서 글 쓸 시간이 어디 있어? 내가 너무 무리한 욕심을 부리고 있는 건 아닐까'라는 현실의 벽 앞에 내 안에서 수도 없이 갈등하며 몇 번이나 포기할까 말까 고민했는지 모른다. 하지만 이 책을 꼭 출간하고 싶다는 마음이 간절했다. 회사에서 일을 하고 퇴근해서는 살림과 육아를 해야 하는 워킹맘인 내가 과연 언제 글을 쓸 수 있을지 현실만 탓하며 투정 부릴 것이 아니라 객관적으로 냉정하게 현실을 바라보았다.

'그래, 지금은 글을 쓰기에 최악의 여건이지만 이런 환경 속에서 내가 해내면 이조차 좋은 에피소드가 되어 내 책을 빛나게 해줄 거야'라는 마음으로 이를 악물었다. 그리고 몇 개월 안에 이 책의 집필을 끝내겠다는 구체적인 목표를 세웠다. 회사에서도, 집에서도 시간이 없다면, 그 대안으로 글을 쓸 시간을 억지로라도 만들면 되었다. 나는 두 아이들이 다 자는 새벽 시간을 활용하기로 결심했다! 새벽 5시에 일어나서 출근 전 두 시간 동안 글을 쓰는 시간을 확보했다. 때로는 늦잠도 자고 싶고, 일어나기 귀찮을 때도 있었다. 하지만 몇 달 뒤 책이 완성이 되어 누군가 이 책을 읽고 있을 생각을 하면 다시 정신이 번쩍 들고 마음가짐이 달라졌다. 이제는 알람이 울리기도 전에 벌떡 일어나 글을 쓴다. 훗날 이 장면은 내 인생의 영화 속 명장면 중 하나가 될 거라 기대한다.

현재 내 앞에 놓인 벽을 기꺼이 넘기 위해 도전하면 할수록 나의 가능성은 커지고, 나에게 또 다른 도전의 길이 열린다. 내 인생이라는 영화에 재상영은 없다. 한번 지나면 되돌릴 수가 없다. 그러니 내 앞에 놓인 벽을 두려워하지 말자. 딱 한 번 상영하는 내 인생이라는 한 편의 영화에서 주인공 역할을 후회 없이 신나게 맘껏 이끌어가 보자. 그래야 내 영화 속 주인공, 셀프 리더가 될 수 있다.

내 인생이 한 편의 영화라면, 여러분은 내 인생을 어떤 영화로 만들고 싶은가?

Self Action Plan. 내 인생이 한 편의 영화라면!

내 인생을 주제로 한 편의 영화 시나리오를 쓴다면
어떤 내용을 담고 싶나요?
평범하고 밋밋하면 좀 어때요?
오히려 그 속에서 누군가는 소소한 감동을 느낄 수 있답니다.
시련과 역경이 가득하면 좀 어때요?
오히려 더 흥미롭고 반전을 기대할 수 있어 기억에 남는답니다.
누구나 삶은 다 특별해요.
내가 특별하다고 믿어주기만 한다면 말이죠.

쫄지 말고
책임질 것

"저는 빨리 어른이 되고 싶어요!"

"왜 빨리 어른이 되고 싶어?"

"어른이 되면 운전도 할 수 있고, 여행도 혼자 떠날 수 있고, 술집도 가볼 수 있고, 부모님의 간섭 없이 아무래도 자유를 만끽할 수 있지 않을까요?"

자신의 꿈이 '빨리 어른이 되는 것'이라는 어느 중학생의 말, 나역시 그랬기에 공감이 되었다. 나의 청소년기가 문득 떠오른다.

그 시절 나는 막연히 내가 누릴 수 있는 자유에 대한 환상 속에 빨리 학교생활에서 벗어나 어른이 되고 싶었다. 어른이 되면 예쁘게 화장도 할 수 있고, 고등학교처럼 정해진 시간표대로 움직이지 않아도 된다는 막연한 기대에 들떠 있었다. 그런데 막상 성인이 되고 나니 자유를 만끽하며 기쁨을 느끼는 것도 잠깐, 자유와 동시에 스스로 감당해야 할 책임감에 당황스러웠던 적이 한두 번이 아니다. 그때 나는 자유를 맘껏 누리려면 누가 시키지 않아도 주체적으로 결정해야 한다는 사실을 알았다. 나뿐만이 아니었다. 대학생이 되어 가장 당황스러운 일은 수강 신청이라고 말하는 친구들이 한둘이 아니었다. 늘 엄마가 학원 시간표를 짜주고 시키는 대로, 하라는 대로 움직이는 게 습관이 된 친구들은 막상 스스로 무언가를 결정하고 행동한다는 것이 생각보다 쉽지 않다.

"행동에는 결과가 따른다. 이것이 삶의 첫 번째 규칙이다. 두 번째 규칙은 자신의 행동에 책임이 있는 유일한 사람은 바로 자기 자신이라는 것이다."

미국의 작가 홀리 라일의 말처럼 사람이 저지르는 모든 행동에는 결과가 뒤따르며, 그 결과에 대한 책임은 오롯이 자기 자신이 져야만 한다.

나치의 강제수용소에서 겪은 생사의 엇갈림 속에서도 삶의 의미를 잃지 않은 이야기를 담은 《죽음의 수용소에서》의 저자 프랭클 박사는 이렇게 말했다.

"산다는 것은 질문을 받는 것입니다. 우리 모두는 대답해야 하는 자들입니다. 자신의 삶에 책임지고 답변하는 것 말입니다."

자신의 삶에 책임지고 답변해야 하는 것은 오로지 나 자신이다.

엄마, 저를 믿어주세요

중3 서연이는 고등학교를 결정해야 할 상황에 놓여 있었다. 성적이 상위권이라 좋은 고등학교에 갈 실력이 되었지만, 그냥 무난한 집 앞 고등학교에 가서 내신 성적을 잘 받아 대학에 잘 들어가는 방향이 나을 것 같았다. 그러던 어느 날 집에서 멀지 않은 곳에 있는 종합고등학교에서 입시설명회를 왔다. 서연이는 그중 '특성화고'에 관심이 갔다. 일반적으로 특성화고등학교는 대학 진학이 목표가 아닌, 자신의 특성을 잘 살려 취업을 하는 등 실무 위주에 목적을 두고 전문화시켜주는 학교라고 했다.

사실 서연이는 경영학과에 가고 싶었다. 그런데 그 고등학교의 졸업생들은 창업을 많이 해서 경영학과에 보다 쉽게 진학을 한다고 했다.

'그래, 나는 경영학과에 가는 것이 꿈이니까 차라리 특성화고에 가서 실무를 더 익히고 창업 연습도 미리 하면서 경영학과 진학 준비를 하자.'

서연이는 특성화고에 가기로 결심했다. 그리고 고민 끝에 엄마에게 말씀드렸다.

"엄마, 저 특성화고에 가고 싶어요."

"갑자기 특성화고라고? 넌 성적도 좋은데 차라리 인문계고에 가서 내신 성적을 잘 관리해 대학에 가는 게 더 낫지 않겠니?"

서연이의 엄마는 특성화고가 과거의 실업계고 이미지도 갖고 있고, 공부보다 취업에 더 비중을 두니 자칫 분위기에 휩쓸려 서연이가 공부를 멀리할까봐 심하게 반대했다.

"엄마, 저는 고등학교 3년 동안 대학 진학만을 위해 공부하면서 시간을 보내고 싶지 않아요. 저는 경영학과에 가고 싶어요. 미리 실기도 배우고, 진로와 관련된 경험도 쌓으면 공부도 더 열심히 할 수 있을 것 같아요. 저를 믿어주세요, 엄마."

서연이는 끈질긴 설득으로 엄마의 허락을 받아냈다. 공부를 못하는 것도 아니었는데 특성화고에 들어가자 선생님들의 무언의 차별도 있었다. 속으로는 정말 화가 났지만, 나중에 잘되면 된다는 마음으로 실무를 익히면서 수능 공부도 열심히 했다. 특히 수학은 아주 열심히 해서 전교 10등 안에 든 적도 많다. 반 친구들은 국·영·수보다 다른 과목에 관심을 기울였지만, 서연이는 인문계 방과 후 학습까지 다 들으며 열심히 내신과 수능을 준비했다. 그렇게 공부에 전념하고 있던 어느 날, 서연이는 문득 이런 생각이 들었다.

'내가 이렇게 공부만 하려고 엄마를 설득해가며 특성화고에 온 것은 아닌데……, 내가 왜 특성화고에 그렇게 오고 싶어 했던 거지?'

내가 한 선택, 내가 책임져

서연이는 특성화고에 온 목적을 잠시 잊고 있었다는 것을 깨달았다.

'그래, 공부도 중요하지만 미리 실전 경험을 쌓고 싶어서 특성화고를 선택했던 건데 내가 그 이유를 잠시 잊고 있었네.'

서연이는 2학년 때부터 본격적으로 특성화고의 장점을 살리기 위해 창업 관련 공부를 하기 시작했다. 창업 아이템 대회에도 나갔다. 상하이를 타깃으로 한 대회였는데, 서연이는 그 당시 중국에 식중독 문제가 많아 식중독균 수치를 측정하는 아이템을 만들면 좋을 것 같다는 생각에 이와 관련해 프레젠테이션을 했다. 결과는 대성공이었다. 서연이는 우수 학생으로 선발되어 고등학교 2학년 때 예상하지 못한 해외여행을 다녀오게 되었다. 중국에서 시장조사를 하며 중국시장에도 관심을 갖게 되었고, 특성화고에 온 후 처음으로 뿌듯한 순간을 맞았다.

그 후 창업에 관심을 갖고 교내 대회에 나가 수상도 하면서 경영학과에 대한 꿈은 더더욱 강해졌다. 고3이 되자 친구들은 대부분 취업을 목표로 준비를 했다. 하지만 서연이는 좋은 대학의 경영학과에 들어가기 위해 수능 공부를 해야 했기에 혼자 교실에 남아 공부를 하는 날이 허다했다. 중간에 취업을 나가는 친구들을 볼 때면 부러운 마음이 들기도 했다.

서연이가 다니는 특성화고에서는 대부분 수시로 대학 진학을 하고, 그동안 수능 공부를 하는 졸업생은 없었기에 학교에서 서연이에게 많은 기대를 했다. 마침내 서연이는 한양대학교에 진학하게 되었다. 특성화고에서 실무를 익히면서 틈틈이 공부에서 손을 놓지 않고 자신에게 주어진 여건 안에서 최선을 다한 결과였다. 서연이는 단기적인 꿈이 아니라 장기적인 목표를 세우고 자신의 선택에 책임을 지려고 노력하는 학생이다. 대학생이 된 현재도 이 사실만은 변하지 않을 것이다.

인생은 B와 D 사이의 C

실존주의의 대가 장 폴 샤르트르는 "인생은 B(Birth)와 D(Death) 사이의 C(Choice)이다"라고 말했다. 인생은 태어날 때부터 죽을 때까지 선택의 연속이란 뜻이다. 내가 어떤 친구랑 사귈 것인지, 어떤 학교에 진학할 것인지, 어디로 여행을 갈 것인지, 어떤 게임을 할 것인지, 심지어 밥을 먹을 때에도 어떤 메뉴를 고를 것인지 우리는 매 순간 선택의 기로에 놓인다.

유난히 선택하는 것을 어려워하는 사람들이 있다. 내가 아는 친구 중 '결정 장애'라는 별명을 가진 친구가 있다. 그 친구는 무슨 선택할 때마다 주변 사람들에게 사사건건 물어보는 통에 늘 친구들이 고개를 절레절레 흔든다.

"나 주말에 미용실 가려는데 파마할까, 매직할까?"

"오늘 저녁에 너는 뭐 해먹을 거야?"

"여기 예쁜 옷이 너무 많다. 이 중에서 뭐가 제일 예쁜 것 같아?"

하루는 답답한 마음에 "야, 네 생각대로 좀 선택해봐"라고 했더니 그 친구가 예상 외의 대답을 했다.

"내 선택에 믿음이 안 가. 혹시나 틀리거나 후회할까봐."

인간은 누구나 선택의 기로에 놓이는데 그 선택에 스스로 책임을 질 수 있어야 한다. 선택에 따르는 책임을 감당할 자신이 없어 스스로 선택하는 것을 포기한다면 자신의 인생을 책임질 수도 없다. 다른 누군가를 탓하지 말자. 내 인생은 누가 대신 살아주는 것도 아니고, 누군가에게 맡길 수 있는 것도 아니다.

《나는 나로 살기로 했다》의 저자 김수현은 "삶에 완벽한 답안지는 없으나 어떤 답을 내리든 스스로 책임질 수 있다면 당신의 모든 선택은 정당하다"라고 말한다. 내 생각대로 되지 않는 것이 인생이다. 어찌 보면 때로는 생각대로 되지 않는 것이 멋져 보이기도 한다. 생각대로만 산다면 인생이 재미없지 않을까? 나의 선택이 틀릴 수도 있고, 때론 돌아갈 수도 있고, 넘어질 수도 있다. 그래도 괜찮다. 나의 선택이 실수나 실패로 이어진다 하더라도 그 상황에 대해 책임질 수 있다면 그 모든 선택은 정당하다. 그러니 더 이상 쫄지 말고 내 인생은 내가 결정하자. 부디 내 인생에 대해서는 결정 장애가 되지 말 것! 선택은 스스로 하자!

Self Action Plan. 선택의 기로

지금 선택의 기로에서 고민하고 있는 일이 있나요?

왜 그런 고민을 하고 있는지 자신에게 좀 더 솔직해지세요.

나의 선택을 믿어보세요.

작은 목표부터
차근차근

　　자기가 좋아하는 일을 하면서 자신의 분야에서 인정받고 성공한 사람들은 대부분 목표가 뚜렷하다는 공통점이 있다. 그들은 재능이 뛰어나거나 천재적인 두뇌를 타고난 것이 아니라 목표를 세우고 그 목표를 향해 끝까지 밀고 나가는 끈기가 있다. 또 어떤 시련이 와도, 속도가 조금 늦더라도 언젠가 그 목표에 도달하며 자기 주도적인 인생을 살아간다. 반면에 성공하지 못하는 사람들은 능력의 유무와 상관없이 정확한 방향과 명확한 목표를 정하지 않고 시작하는 경향이 있다. 목표가 없으니 아무리 열심히 일해도 방향을 잃고 중간에 포기하는 것은 어쩌면 당연한 결과일지 모른다.

　　하우석 저자는 《내 인생 5년 후》라는 책에서 목표의 중요성에 대해 강조한다.

"나는 대학을 나오지도 못했고, 공부도 썩 잘하지 못했다. 하지만 그런 내게도 신께서는 좋은 재능을 선물해주셨는데, 바로 '목표를 세우고 거기에 모든 열정을 집중하는 자세'다. 나는 그 선물을 잃지 않기 위해 노력하고 노력했다. 목표를 세우고 그곳에 도달하기 위해 모든 에너지를 남김없이 바치는 것, 그것은 누구나 갖고 있는, 그러나 세상에서 가장 위대한 재능이다."

목표를 세우고 도달하기 위해 에너지를 남김없이 바치는 재능은 누구나 갖고 있다. 목표는 나아갈 방향을 제시하고, 현재 자신이 가는 길에 대한 확신과 용기를 준다. 이런 과정을 통해 자신의 삶에 대한 자기 주도성과 책임감을 갖게 된다. 여러분도 스스로의 목표에 대해 생각해보는 시간을 가져보길 바란다.

작은 목표를 세우고 성취할 때 느끼는 행복

가현이는 어릴 때부터 꿈이 자주 바뀌어서 '과연 내가 정말 하고 싶은 일은 무엇일까?'라는 고민을 자주 했다. 그래서 새로운 환경에서 다양한 일에 도전해보는 것을 목표로 삼고 이를 실천하기 위해 노력해왔다. 그 결과, 새로운 것에 도전하고 목표를 성취할 때 자신이 행복을 느낀다는 것을 깨달았다. 그 후 가현이는 모든 일에 목표를 세우고 그것을 달성하는 것을 인생의 철칙으로 삼았다.

가현이가 가장 처음 목표를 세우고 달성한 일은 바로 바둑이다. 여섯 살 무렵 아빠에게 바둑을 배우기 시작하면서 가현이는 바둑에 흥미를 갖게 되었다. 처음에는 단순히 아빠와 함께 놀면서 바둑을 뒀지만, 점점 아빠를 이겨보고 싶다는 승부욕이 생겼다. 가현이는 '바둑으로 아빠를 정정당당하게 이겨보자'라는 인생의 첫 번째 목표를 세웠다. 이 목표를 실천하기 위해 초등학교 6년간 바둑을 배우며 지냈다. 목표와 함께 흥미를 가지고 꾸준히 바둑을 배우다 보니 실력이 급속도로 늘었지만 매번 원하는 결과를 얻을 수는 없었다. 컨디션에 따라 평소에 이기던 친구에게 지기도 하고, 지기 싫었던 상대에게 패하기도 했다.

하수였을 때에는 자기보다 잘하는 친구들이나 선배들과 대국하여 지면서 많이 배웠지만, 고수가 되고 난 후로는 자기보다 어린 친구들이나 급수가 낮은 친구들과 대국할 때 '혹시라도 지면 어떡하지'라는 부담감이 생겼다. 간혹 지는 경우 패배를 받아들이기가 쉽지 않았고, 질 것 같을 때 포기하고 싶은 마음에 그 자리에서 운 적도 있었다. 하지만 절대 기권하지 않았다. 지는 한이 있더라도 끝까지 바둑을 두고 후회 없이 경기를 마무리하도록 노력했다.

아빠와 함께 여러 바둑대회에 참여하면서 매 대국마다 새로운 전략과 전술을 사용해보며 바둑의 재미에 빠지게 되었고, 흥미와 열정을 가지고 꾸준히 바둑을 배울 수 있었다. 결국 초등학교 6학년 때 가현이는 아빠를 정정당당하게 이겼다. 처음으로 스스로 세운 첫 번째 목표를 달성하게 되었다.

중학생이 된 가현이는 또 다른 목표가 생겼다. 중학교 2학년 때 학교에서 한 달에 한 번씩 토요일마다 반 대항으로 스포츠 행사를 진행했는데 여학생들의 종목은 '플로어볼'이었다.

'플로어볼? 난생처음 들어보는 종목인데 어쩌지? 그래도 이왕 하는 거 즐겁게 잘 배워보는 거야.'

처음 경험하는 플로어볼 종목이 낯설었지만 가현이는 팀 경기에 책임감을 느끼고 유튜브로 경기 영상을 직접 찾아보며 플로어볼에 대한 지식을 쌓았다. 매 경기마다 승부에 연연하지 않고 '열심히 뛰었다'라는 생각이 들도록 최선을 다했다. 흥미를 가지고 열심히 참여하다 보니 학교에 처음 생긴 플로어볼 대회 팀에 들어가게 되었다.

가현이는 매일 아침 일찍 학교에 가 플로어볼 연습을 하면서 행복하게 하루를 시작했다. 중학교 때 나간 대회에서 큰 성과를 얻지는 못했지만, 스포츠로 하나가 될 수 있다는 협동심을 배웠고 자신감도 얻을 수 있었다. 학교 반 대항 스포츠 행사로 플로어볼이 진행될 때 가현이는 반 친구들 개개인의 성향을 고려하여 포지션을 짜고, 친구들에게 플로어볼 팁과 전략을 알려주면서 반의 승리를 위해 적극적으로 노력했다. 자신이 남들보다 조금 더 잘하고 관심 있는 분야를 반 친구들에게 알려주고 협동할 수 있도록 이끌면서 플로어볼에 대해 가졌던 압박감이나 긴장감을 떨쳐버릴 수 있었다.

남들과 비교하여 자신의 실력을 평가하는 데 급급했던 가현이는 이제 무언가를 순수하게 좋아하는 마음으로 푹 빠져 즐길 수 있는 방법을 알게 되었다. 또 좋아하는 일을 할 때 최고로 능률이 오르고 시련이 와도 극복하고 성장할 수 있다는 것도 깨달을 수 있었다.

고등학생이 된 가현이는 어려운 학업 공부를 따라가기에도 벅찬데 더 까다로운 수행평가와 각종 대회까지 병행하기가 버겁고 힘들었다. 첫 시험을 치른 후 긍정적인 생각만으로 극복할 수 없는 일도 있다는 것을 깨달았다. 이대로는 학업, 친구, 건강 모든 것을 잃을 수도 있다는 생각에 작은 생활 습관부터 바꿔나가기 시작했다. 아침 운동을 나갈 때마다 정말 피곤하고 귀찮았지만 기상송이 울리면 세수를 하고 상쾌한 기분으로 태권도를 하면서 아침을 맞도록 노력했다. 부족한 학업 시간을 보충하기 위해 점심시간, 저녁시간도 허투루 보내지 않고 영어 단어를 외우는 등 자투리 시간을 활용하여 공부를 했다. 또 책을 읽거나 좋아하는 플로어볼을 하는 등 다양한 방법으로 스트레스를 풀기 위해 노력했다.

스스로 작은 목표를 세우고 실천하면서 자기관리를 하다 보니 하기 싫거나 두려운 일에도 쉽게 겁먹지 않고 실천하면서 건강하게 학교생활을 해나갈 수 있었다. 가현이는 지금도 매일 반복되는 힘든 학교생활에 과연 잘 버텨낼 수 있을까 의문이 들고 많은 걱정이 들 때도 있지만 오늘도 스스로 다짐한다.

'나는 앞으로 누군가의 강요가 아닌, 내가 주체적으로 결정하고, 책임을 지고, 스스로 견뎌낼 수 있는 힘을 기를 거야.'

작은 목표들이 모여 큰 꿈이 된다

나는 20대 때 두 차례 해외여행을 간 적이 있다. 한 번은 청소년 국제교류행사로 일본에 갔었고, 한 번은 혼자 유럽여행을 떠났었다. 국제교류행사를 갈 때에는 이미 정해진 여행 코스와 일정대로 움직였기 때문에 나는 그대로 따르기만 하면 되었다. 첫 해외여행이었던 만큼 참 기대가 되었다. 함께한 사람들, 음식과 풍경, 모든 것이 좋았다. 하지만 2주간의 긴 여행이었음에도 불구하고 막상 돌아오니 여행 코스가 전혀 기억나지 않았다. 누군가 시키는 대로만 움직이다 보니 몸은 편했지만 시간이 지나니 함께한 사람들과 즐거웠던 추억은 남았어도 여행 코스에 대한 기억은 희미해져 아쉬움이 남았다.

그 후 나 홀로 3주간 유럽여행을 떠났을 때에는 자유여행이었기에 나 스스로 여행 코스를 계획하고 움직여야 했다. 처음에는 막막했지만 각 나라별로 어떤 도시를 여행하고, 그 도시에서 내가 무엇을 보고 경험하고 싶은지 목표를 정하다 보니 나만의 여행 코스를 계획할 수 있었다. 여행을 하면서 길을 헤매기도 했지만 결국 목적지를 다 둘러볼 수 있었고, 몸은 고단했지만 15년이 지난 지금도 그때의 여행길이 생생하게 떠오른다.

아이슈타인은 "단지 성공한 사람이 아니라 가치 있는 사람이 되기 위해 노력하라"고 말했다. 내가 생각하는 성공은 무엇인지, 가치 있는 삶을 살기 위해 내가 진정으로 원하는 것은 무엇인지. 내 인생의 방향이나 목표는 다른 누구도 아닌 내가 세워야 한다.

대다수의 청소년들이 대학에 입학할 때까지 부모님들이 짜준 스케줄대로 학교와 학원을 오가는 것에 익숙해져 있다. 그런데 목적 없이 무의미하게 대학 진학만을 목표로 했던 친구들은 대학에 와서 자신의 삶을 스스로 이끌어가는 데 어려움을 겪는다. 대학에 가면 수업 시간표를 짜는 것부터 수강 신청, 자유 시간 활용까지 스스로 감당해야 할 것들이 많아진다. 실제로 대학 신입생들은 갑자기 주어진 자유와 자율을 부담스럽게 여기는 경우가 많다. 반면에 스스로 목표를 세우고 계획을 짜는 것에 익숙한 친구들은 자신에게 생긴 자유 시간을 효율적으로 잘 활용하며 자신만의 길을 향해 걸어 나간다.

우리는 모두 인생을 여행하는 여행자다. 저마다 자신만의 인생길을 이미 떠나 어딘가를 향해 끊임없이 걸어가고 있다. 어떤 사람은 분명한 목적지를 향해 달려가고 있는 반면에, 매일 열심히 걷고 또 걷지만 제자리만 돌고 있는 사람도 있다. 내 여행길의 목적지는 내가 정해야 한다. 그래야 나의 여행길이 즐겁고 의미 있다. 여러분은 어떤 여행길을 떠나고 싶은지 한번 생각해보자.

Self Action Plan. 내 인생의 5년 후 목표 세우기

5년 후 나는 어떤 모습이고 싶나요?
5가지 SMART 원칙을 활용해 5년 후 나의 목표를 세워보세요.

〈목표를 정하는 원칙 5가지(SMART 원칙)〉

1. 구체적이고 명확한 목표(Specific)

2. 수치화할 수 있는 측정 가능한 목표(Measurable)

3. 생각이 아닌 행동 중심 목표(Achievable)

4. 실천 가능한 현실성 있는 목표(Realistic)

5. 시간 배정을 적절하게 한 목표(Timely)

소소하지만 확실한 행복

● '소확행'이라는 말을 들어본 적이 있는가? 소확행은 '소소하지만 확실한 행복'의 줄임말이다. 일본의 소설가 무라카미 하루키의 에세이 《랑겔한스섬의 오후》에서 최초로 쓰인 용어로, 2018년 10대 트렌드 중 하나로 선정될 만큼 최근 사회적 분위기를 반영한 신조어다.

우리는 모두 행복하기를 꿈꾼다. 그럼 여러분에게 묻겠다.

"여러분은 자신이 행복하다고 생각하나요?"

이 질문에 자신 있게 손을 드는 친구들은 많지 않다. 이를 증명이나 하듯 우리나라는 벌써 몇 년째 OECD 회원국 중 주관적인 행복 지수 순위가 최하위에 머물러 있다. 입시 공부만을 강요받는 사회에서 성적, 등수에 따른 서열에 연연하기보다 자신의 행복을 찾아 고민하는 시간을 갖고 관점을 변화시킬 필요가 있다.

행복은 지극히 주관적이다. 동일한 사건을 겪어도 사람에 따라 행복을 느끼는 정도가 다를 만큼 행복의 기준은 사람마다 다 다르다. 거창하고 멀리 있는 행복이 아닌, 일상생활 속에서 지금 당장이라도 느낄 수 있는 작은 행복, 즉 자신만의 소확행을 내 안에서 자주 만들어보는 것이 중요하다. 그럼 다시 묻겠다.

"여러분의 소확행은 무엇인가요? 여러분은 요즘 무슨 재미로 사나요?"

맛있는 음식을 먹을 때, 시험 끝나고 친구들과 PC방 가서 게임할 때, 늦게까지 늦잠 자며 뒹굴뒹굴할 때, 사랑하는 사람과 즐거운 시간을 보낼 때, 잠자기 전에 누워서 좋아하는 웹툰을 볼 때, 취미 생활을 할 때 등 소확행은 생각보다 멀리 있지 않다. 나의 소확행은 퇴근 후 두 딸의 재롱과 애교를 보는 것, 모두가 잠든 새벽 글을 쓰며 들리는 타자기 소리에 귀를 기울이는 것, 커피 한잔을 마시며 책을 읽는 것 등이다. 거창한 행복이 아니라 일상 속에서 소소한 기쁨을 느끼는 것이다.

행복은 강도가 아니라 빈도에 따라 달라진다. 작은 즐거움이라도 자꾸 반복되면 일상이 행복으로 채워진다. 우리는 결국 행복을 위해 산다. 여러분은 행복을 맘껏 누릴 권리와 자유가 있다. 단, 행복은 누가 대신 찾아줄 수도 없다. 나 스스로 나의 행복을 발견하고 삶의 재미를 느껴야 한다. 행복은 나의 길 위에 있으니까!

내가 한 선택에 후회하지 않아

은서는 지금 대한민국의 평범한 고등학생으로 살아가고 있다. 학교 수업이 끝난 후 친구와 음료수 한 캔을 마시며 나누는 이야기가 즐겁고, 점심시간을 목 빠지게 기다리는 흔한 여고생이다. 하지만 여기까지 오는 길이 남들과 많이 달랐다.

은서는 초등학교 때 미국에 다녀온 후 대안학교에 진학을 했다. 하지만 국제학교였기 때문에 학비가 만만치 않았다. 경제적 문제도 있었고 이사도 하게 되어서 은서는 고민 끝에 자퇴를 하고 검정고시를 준비하기로 결정했다. 물론 그 과정이 순탄치만은 않았다. 무엇보다 남들의 시선이 달갑지 않았다.

'왜 저 애는 학교에 가지 않지?'

'너 담배 피우니? 술은?'

'혹시 학교에서 사고 쳐서?'

누군가는 호기심, 누군가는 걱정, 그리고 누군가는 비난 어린 시선으로 자퇴생 은서를 바라보았다. 그 시선과 목소리가 너무나도 마음 아팠다. 은서는 어렸지만 나름대로 자신의 길을 선택했고, 은서의 부모님은 은서를 믿고 그 선택을 지지해주었다. 하지만 아무것도 모르는 사람들은 편견을 가지고 은서를 바라보았다. 은서는 스스로 다짐했다.

'난 다른 길을 가는 것뿐이지, 결코 틀린 게 아니야. 그러니까 꼭 성공해야지. 그래서 내가, 우리 부모님이 틀리지 않았다는 것을 보여줄 거야!'

은서는 더 열심히 준비해서 중등교육과정 검정고시를 합격하고 고등학교에 입학했다.

'뭐야, 이러니저러니 해도 결국 고등학교에 입학해 남들과 다를 바 없는 입시를 거쳐 대학에 가는 거잖아?'라고 반문할 수도 있다. 하지만 은서는 중학생 시절 학교 밖에서 더 많은 것을 보고 배우고 느낄 수 있었다. 학교는 다니지 않았지만 엄연히 '학생' 신분이었기에 스스로 알아서 공부를 했다. 시간적 여유가 있어 다양한 공부 방법을 시도해보며 자신에게 맞는 공부 방법도 찾을 수 있었다. 또 은서는 중학교 때 처음으로 자신이 일해서 돈도 벌어봤다. 평소에 조금 소심했던 은서는 아르바이트를 하면서 씩씩하게 손님을 응대하며 좀 더 적극적인 성격으로 변할 수 있었다.

은서는 자신의 선택으로 다양한 경험을 할 수 있었지만, 한편으로는 세상의 시선과 편견에 상처를 받았다. 그래도 도망치지 않고 자신의 선택에 책임을 지려고 노력했고, 결국 은서는 그 과정에서 자신의 꿈을 찾을 수 있었다. 혼자 울고 고민하면서 '아, 이럴 때 곁에 누군가가 있어준다면 얼마나 좋을까?'라고 생각하던 은서는 학교에서 고민하는 학생들을 상담해주고, 더 나아가 학교 밖에서 혼자 앓는 학생들에게도 도움을 주는 '청소년 상담사'를 꿈꾸게 되었다. 은서는 이제껏 자신이 한 선택에 후회하지 않는다. 결과가 어떻든 그 시간들이 지금의 자신을 만들었고, 그 경험들은 앞으로 갈 길을 비추는 환한 가로등이 되어줄 거라 믿기 때문이다.

행복은 강도가 아니라 빈도가 결정한다

2018년 3월 발표된 유엔의 〈세계행복보고서(World Happiness Report)〉에 의하면 세계에서 가장 행복한 나라로 핀란드가 1위를 차지했다. 노르웨이, 덴마크, 아이슬란드가 그 뒤를 이었고, 스웨덴도 9위에 올라 북유럽 국가들이 높은 순위를 차지했다. 한국은 부끄럽게도 57위로 하위권이다.

지난 6월, 북유럽으로 선진복지국가 벤치마킹 관련 해외연수를 다녀왔다. 노르웨이, 스웨덴, 핀란드 3개국을 돌면서 그들의 복지정책과 삶에 대한 가치관과 방식을 살펴볼 수 있었다. 행복지수가 상위권인 북유럽 국가들의 공통점은 한마디로 '일상의 행복을 추구하는 라이프스타일'이다. 그들은 미래보다는 지금을, 특별함보다는 평범함을, 행복의 강도보다는 빈도를 중시하며 앞서 말한 작지만 확실한 행복, 소확행을 이미 실천하고 있었다. 행복지수 1위를 차지한 핀란드 역시 '소유하지 않는 것'이 아니라 '지금 가지고 있는 것'을 소중히 한다. 소박하고 평범한 것에서 행복을 발견하고 느끼기 때문에 행복지수가 높은 것 아닐까.

누군가는 행복이 사치라며 '가정불화', '기대만큼 나오지 않는 성적', '불확실한 미래', '외모도 빼어나지 않고 뛰어난 재주도 없는 자신'을 이유로 어쩌면 자신의 삶을 가장 불행하게 여길지도 모르겠다. 하지만 누가 뭐라고 하든 지금 내게 주어진 삶은 결국 내 선택에 의해 만들어진다. 내 삶을 후회하고 자책하지 않는 최선의 방법은 오로지 나를 믿고 내가 선택한 길을 계속 걸어가는 것이다. 타인이 만들어놓은 길 위에는 타인의 행복만이 있을 뿐, 내가 찾는 행복은 결국 나의 길 위에 있다. 내가 꿈꾸는 그 길을 향해 한 가지씩 실천하며 작은 성취감을 느낀다면 그 속에서 행복이 싹틀 것이다.

미국 대통령 에이브러햄 링컨은, "인간은 스스로 결심한 만큼 행복하다"고 말했다. 행복은 스스로 선택하고 만들어내는 주관적인 감정이다. 즉, 행복이란 각자 선택하고, 책임지는 것이다. 행복은 남이 아닌 바로 자기 자신에게서 시작되기 때문이다. 타인과 나를 비교하지 않고, 나답게 살아가며, 내가 가지고 있는 것에 감사하고, 일상을 소중히 생각하면 나의 길 위에서 행복을 발견할 수 있다. 그러니 부디 자신의 행복을 포기하지 말자.

〈곰돌이 푸〉에 내가 가장 좋아하는 명대사가 있다.

"매일 행복할 순 없지만, 행복한 일은 매일 있어."

매일 일상 속에서 작지만 확실한 나의 행복을 찾아보자.

Self Action Plan. 나의 소확행을 찾아라!

나의 소확행은 무엇인가요?
시험 끝난 후 친구들과 놀기? 집에서 게임하기?
맛난 음식 먹으며 예능 보기?
일상 속에서 나의 행복을 발견하는 연습을 자주 해보세요.

Dream Talk 꿈 인터뷰

호이

꿈쌤: 호이야, 안녕! 오늘은 쌤이 호이를 간단하게 인터뷰 해보려고 해. 호이는 어린 나이인데도 가수, 소설가, 대기업 회장, 연예인 등 다양한 분야의 사람들을 만나서 인터뷰를 했잖아. 호이에게 인터뷰란 어떤 의미가 있어?

호이: 네, 쌤! 저는 중학교 2학년 때부터 인터뷰를 시작했고 지금 고3이니까, 거의 4~5년이라는 시간이 흘렀네요. 인터뷰를 하면서 사람들을 만나는 게 즐겁고 행복해요. 인터뷰는 저에게 없어서는 안될 인생 같은 존재인 것 같아요.

꿈쌤: 공부하랴, 인터뷰 하러 다니랴 바쁘지? 공부와 하고 싶은 것 사이에서 포기하고 싶었던 순간도 있었을 것 같은데, 어때? 그런 순간이 오면 어떻게 극복했어?

호이: 제가 인터뷰를 하면서 가장 많이 들었던 말이, "네가 지금 그걸 할 때냐? 그걸 해서 뭐 먹고 살래?"였던 것 같아요. 사실 포기하고 싶었던 순간도 많았는데 지금은 인터뷰가 아니면 할 수 있는 게 없을 것 같다는 생각과 함께, 만약 지금 포기하면 내가 지금까지 달려왔던 것들이 물거품이 된다는 생각이 들어요. 도저히 포기할 수가 없겠더라고요. 그래서 계속 제 꿈을 향해 달리고 있는 것 같아요.

꿈쌤: 역시 호이, 너무 멋지다! 호이가 가장 행복할 때는 언제야?

호이: 저는 인터뷰를 하기 위해 섭외 요청을 하고, 상대가 그 요청을 받아주고, 인터뷰를 진행하게 될 때 가장 행복한 것 같아요. 그리고 당연한 얘기지만 친구들을 만나며 같이 놀 때도 행복해요!

꿈쌤: 호이는 고등학생인데 벌써 개인사업자도 등록하고, 꿈을 현실로 이루어가고 있는데 지금 가장 큰 고민이 있다면?

호이: 다른 친구들과 마찬가지로, 저 역시 고3이다 보니 대학과 학업에 대한 고민이 제일 크죠.

꿈쌤: 저런, 고민이 많겠구나. 하지만 이미 많은 걸 해내고 있는 호이의 미래가 쌤은 참 기대된단다. 호이는 앞으로 어떤 꿈을 꾸고 있어?

호이: 저는 세계적인 인터뷰어라는 꿈을 가지고 있어요! 다들 저한테 기자가 꿈이냐고 물어보는데 기자는 하나의 과정이고, 최종 꿈은 세계적인 인터뷰어가 되는 거예요.

꿈쌤: 이제 호이한테 인터뷰 요청을 받으면 영광이겠는걸. 선생님도 호이의 인터뷰 요청 기다리고 있을게! 마지막으로 호이가 또래 청소년이나 후배들에게 꼭 해주고 싶은 한마디가 있다면?

호이: 누가 뭐라 해도 남이 원하는 삶이 아니라 내가 원하는 삶을 살았으면 좋겠어요. 우리의 인생을 남이 대신 살아주지 않잖아요. 삶이 언제 끝날지도 모르고요! 내일 죽어도 후회 없는 삶을 살았으면 좋겠다고 말해주고 싶어요.

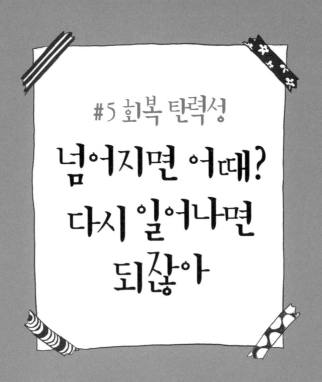

#5 회복 탄력성

넘어지면 어때?
다시 일어나면
되잖아

"실패란 이전보다 훨씬 풍부한 지식으로
다시 일을 시작하게 만드는 기회의 또 다른 이름일 뿐이다."
- 헨리 포드 -

서연

선생님, 저 더 이상 그림을 그리고
싶지 않아요. 포기할까봐요.

 꿈쌤

네가 얼마나 그림 그리는 걸 좋아하는지 쌤이
아는데, 왜 갑자기 그런 생각을 하고 그래?

서연

정말 열심히 한다고 했는데 매번 공모전
에 떨어지고, 남들보다 자꾸 실력도 부족
한 것 같아 자신감이 점점 떨어져요.ㅠㅠ

 꿈쌤

이런, 슬럼프가 왔나보구나.

서연

......

 꿈쌤

서연아, 슬럼프가 왔다는 건 그만
큼 네가 성장하고 있다는 증거야.
좀 넘어지면 어때! 다시 일어서면
되지.

   SMS/MMS OK

사라진
꿈 앞에서

• 　나의 첫 책 《괜찮아, 꿈이 있으면 길을 잃지 않아》를 집필한 시기는 둘째를 출산하고 육아휴직을 할 때였다. 네 살 된 첫째와 돌도 안 된 둘째를 돌보면서 책을 집필한다는 것은 사실상 불가능해 보였다. 하지만 가슴속에 꿈틀거리는 책 쓰기의 꿈을 더 이상 미룰 수 없었다. 너무 간절했기에 두 아이가 잠든 시간을 활용해 잠을 줄여가며 틈틈이 새벽마다 글을 썼다. 처음에는 책을 쓴다는 생각에 설레기도 하고, 아이디어가 마구 떠올라서 피곤하기는커녕 신이 나서 글을 쓰기 시작했다. 그런데 언제부턴가 내가 과연 잘 쓰고 있는 건지, 내 글이 누군가에게 도움이 될 수 있을지 의문이 들었다.

　'내 주제에 무슨 책이야. 두 아이를 돌보면서 이 와중에 책을 쓰겠다니, 내가 너무 무모한 도전을 한 것 같아.'

스스로 점점 위축이 되면서 슬럼프가 찾아왔다. 결국 며칠 동안 단 한 줄도 쓰지 못했다. 포기하고 싶었다. 그래서 며칠간 아예 글을 쓰지 않았다. 그리고 내가 왜 글을 쓰는 건지, 어떤 글을 쓰고 싶은 건지, 나 자신을 한번 돌아봤다.

'내가 왜 책을 쓰고 싶어 했지? 그래, 내가 청소년들을 만나면서 늘 꿈을 갖고 목표를 세우라고 했는데, 나는 늘 나의 꿈에 대해 말만 했지 직접 행동으로 실천하지는 않았어. 내가 직접 실천하고 꿈을 이루는 모습을 보여주면 좀 더 당당하게 아이들을 만날 수 있을 거야. 그래, 한번 해보자!'

육아휴직 기간에 두 아이를 돌보면서 틈틈이 글을 쓰고 있는 나 자신을 토닥이며, 내가 글을 써야 하는 이유를 찾아 스스로 동기부여를 하려고 노력하다 보니 다행히 슬럼프를 이겨낼 수 있었다. 슬럼프가 찾아왔을 때 포기하지 않고 극복했기에 첫 책이 세상 밖에 태어날 수 있었고, 그런 과정을 이겨냈기에 지금 나는 또 이 책을 통해 여러분을 만나고 있다.

누구나 도전을 하고 꿈을 향해 걸어나가면서 수도 없이 슬럼프를 겪는다. 내가 계획한 대로, 내가 원하는 대로만 이루어진다면 좋겠지만 우리는 늘 크고 작은 시련과 역경 앞에 무너지고 넘어진다. 슬럼프가 왔다는 것은 그만큼 내가 잘해내고 있다는 증거이고, 한편으로는 아주 좋은 현상이다. 시련이 다가왔을 때 포기하지 않고 다시 일어서려고 노력하면 슬럼프는 내게 또 다른 선물을 준다. 이렇게 어떠한 어려움과 역경이 닥쳐도 헤쳐나갈 수 있는 힘을 학자들은 '회복 탄력성'이라고 부른다.

회복 탄력성은 심리학에서 주로 사용하는 용어인데, 제자리로 돌아오는 힘을 일컫는 말로 시련이나 고난을 이겨내는 긍정적인 힘을 의미한다. 몸의 힘을 발휘하려면 강한 근육이 필요한 것처럼 마음의 힘을 발휘하기 위해서는 튼튼한 마음의 근육이 필요하다. 어려움 속에서도 다시 일어서도록 나를 지켜주는 마음의 힘은 나의 의지와 노력에 의해 얼마든지 키울 수 있다.

꿈이 사라졌다

중학교 1학년, 설레는 마음으로 기다리던 체육시간이 다가왔다. 대용이는 운동부원을 모집한다는 말에 호기심이 생겼다. 종목은 역도와 사격이었다. 사격이라는 말을 듣는 순간 대용이는 "저요!"라고 소리치고 싶었지만 소심한 성격 탓에 아무 말도 하지 못했다.

'한번 해보고 싶은데 손을 들까? 나는 키도, 몸집도 왜소해서 뽑히지 않을 수도 있는데…….'

대용이는 망설였다. 운동을 잘할 것 같은 친구들은 수업이 끝나고 체육실로 향했다. 진짜 이 순간이 아니면 못할 거 같아서 대용이도 슬쩍 그 뒤를 따라갔다. 그리고 우여곡절 끝에 대용이는 사격부원이 될 수 있었다.

1학년 때에는 기초를 배워야 한다고 아령만 열심히 들었고, 본격적인 선수 생활은 2학년부터 시작되었다. 시합 준비는 쉽지 않았다. 훈련도 훈련이지만 선배들과의 관계가 너무 힘들었다. 그렇게 버티고 버텨서 대용이는 첫 시합에 나가게 되었다. 하지만 심장 뛰는 소리가 귀에 들릴 정도로 너무 긴장한 탓에 그대로 시합을 망쳐버렸다. 태어나서 처음으로 머리가 백지처럼 하얘지는 순간을 겪고 나니 시합에 대한 트라우마가 생겼다. 꾸준히 연습했지만 3학년이 되고 고등학교 진학을 앞둔 상황에서도 시합만 가면 항상 너무 떨렸다.

평소 대용이가 사격을 하는 것에 아무 말씀도 없던 아빠마저도 "이제 그만하는 게 좋지 않을까?"라고 한마디 했다. 그전 같았으면 계속하겠다고 했을 텐데 몸도, 마음도 지칠 대로 지쳐버린 대용이는 결국 사격을 그만두게 되었다. 위기와 슬럼프가 왔을 때 아무것도 하지 못하고 대용이의 첫 번째 꿈은 사라졌다.

위기는 나에게 또 다른 기회

운동을 그만두고 나니 속은 후련했지만, 고등학교를 체육 특기생으로 입학했기에 운동을 그만두면 다른 학교로 전학을 가야 한다고 했다. 중학교 3년 내내 운동을 한다고 공부도 소홀히 했고, 다른 길은 생각해보지도 않았는데 전학을 가려니 막막했다.

'운동도 그만두고, 나는 이제 무엇을 할 수 있을까? 전학 가서 왕따를 당하면 어쩌지?'

전학할 학교를 알아보는 동안 의기소침해 있는 대용이에게 친형이 한 가지 제안을 했다.

"대용아, 전학할 학교를 알아보는 동안 어차피 운동도 안 하니까 기분전환 삼아 청소년 축제 추진위원회 활동 한번 해볼래?"

'축제 추진위원회?'

그게 뭔지는 모르겠지만, 뭐라도 해야겠다는 생각에 청소년 축제 '꽃이 피다' 추진위원회 활동을 시작하면서 원주시 청소년수련관에 처음 방문했다. 낯선 장소와 낯선 사람들에게 적응하기는 정말 어려웠다. 하지만 조금씩 사람들과 관계를 맺고 자신의 생각도 이야기하면서 스스로 점점 변화하는 것을 느꼈다. 학교에 있는 시간보다 대외 활동에 더 집중했고, 밤늦게까지 활동을 통해 만난 사람들과 이야기할 때면 자기 자신이 대견스러웠다. 그러다 시간이 흘러 대용이는 다른 학교로 전학을 가게 되었다.

처음 전학할 학교를 알아볼 때만 해도 '왕따라도 되면 어쩌지?'라며 걱정했던 것과 다르게 대용이는 이틀 만에 완벽하게 적응을 끝내고 친구도 금방 사귀었다. 자유롭게 생활하며 2학년에 올라갔을 때 선생님들이 학생회장 선거에 나가보라고 권유를 할 정도였다.

"대용아, 너는 대외 활동을 많이 하고 있고 리더십도 있는 것 같은데 학생회장에 한번 출마해보는 것은 어때?"

'과연 내가 할 수 있을까?' 조금 망설였지만 대용이는 전교회장에 출마하기로 결심했다. 그리고 투표 당일 천 명이 넘는 전교생 앞에서 연설을 하게 되었다. 떨리긴 했으나 무대 위에 올라가는 순간 그 상황을 충분히 즐길 수 있었다. 그동안 대외 활동 경험을 많이 해서인지 여유가 조금씩 생겼고, 어느새 시선과 손짓을 자유롭게 움직일 수 있었다. 대용이는 선배들의 박수를 받으며 연설을 마무리했다. 그 결과, 100표 넘는 차이로 전교회장이 되었다. 불과 1년 전만 해도 운동을 그만두고 전학을 해야 했을 때 모든 것이 다 끝났다고 생각했었는데 전교회장이 되다니, 대용이 스스로도 놀라웠다. 물론 학생회장으로 당선되었다는 기쁨도 잠시, 학생회장의 역할이 쉽지만은 않았다.

'운동이 내 인생의 전부라 생각하고 운동을 그만둘 때에는 모든 것이 끝났다고 생각했는데 오히려 또 다른 기회가 되었네. 정말 뭐든 마음먹기에 달렸구나.'

대용이는 어른들이 "무슨 일이든 마음먹기에 달려 있는 거야"라고 이야기할 때면 마음에 와닿지가 않았는데, 이를 직접 경험하고 느끼면서 '새로운 나'를 만들어가게 된 것이다.

그 후 대용이는 대학 진학과 취업이라는 문턱 사이에서 취업을 선택해 서울로 올라가기도 해보고, 또 다른 꿈에 도전하며 잠시 후퇴하듯 다시 원주로 내려오기도 했다. 하지만 완전히 무너질 것 같은 두려움이 생길 때에도 대용이는 포기하지 않았다. 넘어져도 다시 일어서며 상황을 극복해나갔다. 그러다 보면 신기하게도 또 다른 기회가 찾아왔다.

예전에는 공부도 못했고, 열심히 하지도 않았다. 공부를 왜 해야 하는지 그 이유를 몰랐기 때문이다. 하지만 지금은 누가 시키지 않아도 알아서 공부하고 배우는 것을 즐긴다. 중학교 때 운동이 인생의 전부라고 생각했던 대용이는 현재 '문화기획자'라는 꿈을 안고 원주문화재단 청년플랫폼 청년마을에 입사해서 하고 싶은 일들을 기획하며 하루하루를 행복하게 보내고 있다.

역경을 극복하는 힘

전 세계인을 사로잡은 소설 《해리 포터》의 저자 조앤 롤링은 20대 초반에 영국에서 포르투갈로 갔을 때 그곳에서 만난 남자와 결혼하였으나, 딸을 낳고 2년 만에 이혼을 했다. 어린 딸과 함께 무일푼 신세가 되어 영국으로 돌아온 그녀는 정부보조금으로 겨우 먹고 사는, 가난에 찌든 싱글맘이 되었다. 어린 딸과 죽어버리고 싶다는 생각이 들 정도로 가난에 시달렸고 우울증까지 그녀를 괴롭혔다. 어린 딸에게 읽어줄 동화책 한 권 살 돈이 없었던 조앤 롤링은 아이에게 읽어줄 동화를 직접 쓰기 시작했다. 이렇게 해서 전 세계의 사랑을 받은 《해리 포터》가 탄생한 것이다. 조앤 롤링은 말한다.

"가장 두려워했던 실패가 현실로 다가오자 오히려 저는 자유로워질 수 있었습니다. 실패했지만 저는 살아 있었고, 사랑하는 딸이 있었고, 낡은 타자기 한 대와 엄청난 아이디어가 있었죠. 가장 밑바닥이 인생을 새로 세울 수 있는 단단한 기반이 되어준 것입니다."

회복 탄력성이 낮은 사람들은 실수를 지나치게 두려워한다. 반면에 회복 탄력성이 높은 사람들은 실수에 대해 보다 긍정적인 태도를 지니며, 오히려 시련을 행운으로 바꾼다. 내 삶의 주인으로서 어렵고 힘든 일 앞에서 나 자신을 지키고 그 속에서 가능성을 발견하려면 내 마음의 근육을 단단하게 만드는 '회복 탄력성'을 키워야 한다.

《회복탄력성》의 저자 김주환 교수는, "회복 탄력성은 꼭 커다란 역경을 이겨내기 위해서만 필요한 힘이 아니라 일상 속에서 크고 작은 수많은 스트레스와 인생의 고민을 자연스럽게 이겨내기 위해서도 필요한 힘"이라고 말한다. 셀프 리더는 어려움 속에서 가능성을 찾으며 내 마음의 균형을 잡는다. 내 인생의 주인으로서 내 삶을 잘 이끌어가기 위해 '회복 탄력성'은 필수다. 인생의 크고 작은 시련이나 위기는 두려워할 대상이 아니다. 오히려 나의 꿈과 성공의 발판이 되어줄 것이다. 그러니 기꺼이 당당하게 맞서보자. 그것은 어찌 보면 내가 원하는 목표가 눈앞에 있다는 신호일지도 모른다. 지금 이 순간을 포기하며 자기를 벼랑 끝으로 내몰기보다는 잠깐 자신을 돌아보며 스스로를 토닥여주자.

"많이 힘들지? 지금도 충분히 잘하고 있어. 힘내! 나는 분명 해낼 수 있어."

Self Action Plan. 위기를 기회로 만들기

지금 나를 가로막고 있는 장해물이나
나를 힘들게 하는 일이 있나요?
그 위기가 내게 찾아온 것은
분명 나름의 의미를 품고 있을 거예요.
위기를 다른 관점으로 바라보고 오히려 기회로 만들어보세요.

나만의
의자 찾기

• 화성시청소년수련관에서는 '드림트리'라는 청소년 뮤지컬 극
단을 운영하고 있다. 2013년 처음 이 극단을 기획할 당시, 문화예술
을 접하기 어려운 지역 청소년들에게 문화 감수성도 키워주고, 자신
의 재능과 끼를 발견할 수 있는 기회도 제공하고 싶었다. 전문적인
뮤지컬 교육을 전혀 받아보지 않은 청소년들을 대상으로 진행을
하다 보니 극단을 처음 시작할 때에는 조금 막막하기도 했다. 하지
만 매주 토요일마다 단원들이 수련관에 와서 발성이나 노래, 연기
에 관한 뮤지컬 수업을 받으며 꾸준히 연습을 하다 보니 실력이 날
로 늘었다. 그동안 갈고닦은 실력으로 연말 청소년 축제 때 뮤지컬
발표회를 하는 모습을 지켜보는데 가슴이 벅차오르며 눈물이 핑
돌았다.

드림트리는 1기를 시작으로 2018년 현재, 어느덧 6기를 맞이했다. 그동안 새로운 담당 선생님과 드림트리 친구들의 열정이 담긴 노력 덕분에 몇 해 전 드림트리는 '청소년 문화예술 교육지원사업'의 우수 사례로 여성가족부장관상을 수상하기도 했다. 5년 동안 많이 성장한 드림트리를 보면 참 멋지고 흐뭇하다.

2017년 겨울, 어김없이 연말이 되어 드림트리 친구들이 한 해 동안 갈고닦은 실력을 맘껏 발휘할 시간이 다가왔다. 이번 공연은 살림 청소년 문학상 대상 수상작, 박하령의 장편소설《의자 뺏기》원작을 토대로 한 청소년 뮤지컬이었다. 오랫동안 서로 떨어져 각자 다른 환경에서 자란 쌍둥이 자매 은오와 지오의 성장기를 담은 내용이었다. 연기면 연기, 노래면 노래, 한 명 한 명의 친구들이 어찌나 그 역할을 잘해내던지 지켜보는 내내 흐뭇했다. 너무 몰입해서 보다 보니 매번 동생 지오에게 양보하며 자신의 의자를 뺏기는 은오가 안타깝기도 하고, 동생 지오가 얄밉다가도 한편으로는 이해가 되고, 죽은 엄마와의 회상 장면에서는 주책없게 눈물이 펑펑 나기도 했다. 주연, 조연 할 것 없이 각자 맡은 배역에서 최선을 다하는 아이들이 자신의 의자를 잘 발견하고 지키는 것 같아 기특하고 대견했다.

이 무대를 위해 뮤지컬 단원들은 약 10개월 정도 매주 토요일마다 수련관에 나와서 연기와 보컬 트레이닝을 받으면서 끊임없이 연습을 했다. 발성 연습부터 시작해서 세심한 감정표현까지 시간이 지나면 지날수록 조금씩 성장하는 모습을 보였다. 꿈을 향한 아이들의 땀과 노력이 있었기에 이 무대가 더 빛날 수 있었다. 누가 시키지 않아도 자신의 꿈을 향해 도전해나가며 주도적으로 자신의 인생을 이끌어가는 드림트리 단원들이야말로 진정한 셀프 리더다. 드림트리 단원들에게 힘찬 응원의 박수를 보낸다.

바닥을 치고 올라서기

드림트리에서 4년 동안 매주 거의 빠짐없이 성실하게 뮤지컬 수업을 받고 연습을 하면서 단원들을 잘 챙겼던 단장 하랑이가 어느덧 고3이 되었다. 그동안 하랑이가 드림트리를 든든하게 잘 이끌어준 덕분에 청소년 뮤지컬 극단이 이만큼 성장하지 않았나 싶다.

하랑이의 꿈은 배우인데, 이 꿈을 가지게 된 계기가 있었다. 초등학교 4학년 때 학부모 공개 수업을 하던 날, 방언에 대해 배워서 사투리로 연극을 했는데 하랑이가 영화 〈웰 컴 투 동막골〉의 한 장면을 선보이게 되었다. 하랑이는 배우 강혜정이 연기했던 미친 여자 역할을 맡았는데, 기대 이상으로 맡은 배역을 잘해내며 굉장히 많은 칭찬을 받았다.

"하랑아, 어쩜 아직 어린데 대본도 다 외우고, 사투리도 그렇게 잘하니! 하랑이가 연기에 재능이 있나 보구나."

하랑이는 그 칭찬에 어깨가 으쓱했다. 단지 그 칭찬이 좋아서 배우가 되고 싶다고 생각했고, 그때부터 지금까지 하랑이의 꿈은 변함없이 배우다. 배우라는 꿈이 생기고 나서 때마침 청소년 뮤지컬 극단 활동을 시작하며 본격적으로 연기에 도전하기 시작했다. 하랑이는 매년 무대에 설 때마다 자신감도 생기고, 점점 꿈에 다가가는 느낌을 받았다.

그런데 언제나 꿈을 향해 빠르게 나아갈 것만 같던 하랑이에게도 시련의 순간이 있었다. 언제부턴가 자신의 연기 실력이 늘지 않고 스스로 부족함이 느껴져 속상해하고 좌절하고 있을 때 문득 친구의 연기 실력이 눈에 띄게 향상된 것을 발견한 것이다. 순간 자기 자신이 작아 보이고 의기소침해졌다.

'그동안 내가 너무 자만했나봐. 나보다 잘하는 친구들이 이렇게 많은데……'

하지만 힘들어할 겨를도 없이 학교생활에 치여 어느새 한 학기를 마무리할 때가 되었다. 정신을 차려 보니 주위의 몇몇 친구들은 벌써 에이전시에 들어가 촬영도 하고 수업도 받으며 꿈을 이루어가고 있었다. 하나둘 꿈에 다가가는 친구들을 보면서 하랑이는 마음이 조급해졌다.

'나는 언제쯤 꿈에 한 발짝 더 다가갈까? 그리고 언제쯤 도달할까? 이 길이 맞긴 한 걸까?'

그런데 한동안 조바심을 내던 하랑이의 마음에 문득 이런 생각이 떠올랐다.

'내가 지금 걱정한다고 해서 뭐가 달라지겠어. 그래, 차라리 그 시간에 공부나 하자.'

하랑이는 다시 처음부터 시작한다는 생각으로 다이어리에 '사람들에게 활력소가 되어주는 배우'가 되기 위해 해야 할 일들을 하나씩 적어봤다. 당장 실천 가능한 것부터 오랜 시간이 걸리는 것들까지 넓은 범위로 다양한 것들을 기록했다. 학생 신분에 충실하면서 작은 것부터 하나하나 해나가다 보니 좋은 기회들이 하나씩 찾아왔다. 꿈을 응원해주는 좋은 분들도 많이 만나면서 긍정적인 에너지를 받았다.

어느새 하랑이는 다시 꿈을 향해 조금씩 천천히 나아가고 있는 자신을 발견할 수 있었다. 지금도 가끔씩 또 다른 조급함이 찾아온다. 하지만 그때마다 하랑이는 생각한다.

'지각을 하게 된 상황에서 조급해한다고 버스가 빨리 가지는 않는다. 그렇다면 차라리 부족한 잠을 조금이라도 더 보충하든, 경치를 보며 마음을 정돈하든, 그 상황에서 내가 할 수 있는 것을 하는 것이 가장 현명한 방법이다.'

당장 자신이 할 수 있는 가장 작은 노력, 해야 할 일이 무엇인지 찾아서 그것부터 일단 시작하다 보면 생각도 정리되고, 그다음 해야 할 일도 보이고 나아갈 길이 생기는 것 같았다. 이제 열아홉 살이 된 하랑이는 '눈이 진짜를 말해주는 진정성 있는 배우'를 꿈꾸며 조급해하지 않고 자신의 꿈을 향해 천천히 걸어가고 있다.

나의 의자를 발견하는 가장 쉬운 방법

심리학자이자 작가인 앤절라 더크워스는 그의 저서 《그릿(GRIT)》에서 성공의 비결은 재능이 아니라 '그릿'에 있다고 말한다. 그릿이란 자신이 성취하고자 하는 목표를 끝까지 해내는 힘이자, 어려움,

역경, 슬럼프가 있더라도 그 목표를 향해 오랫동안 꾸준히 정진할 수 있는 능력이다. 그러니까 한마디로 그릿은 '끝까지 해내는 힘', 인내를 뜻한다.

그녀는 분야에 상관없이 대단히 성공한 사람들은 두 가지 특성을 지녔다고 말했다. 첫째, 그들은 회복력이 대단히 강하고 근면하다. 둘째, 그들은 자신이 원하는 바가 무엇인지 매우 깊이 이해하고 있다. 결단력이 있을 뿐만 아니라 나아갈 방향도 알고 있다는 것이다. 열정과 결합된 끈기, 한마디로 그들에게는 그릿이 있었다. 그릿이 강한 사람들은 장해물을 만나면 포기해야 할 이유를 찾는 것이 아니라 극복할 도전으로 여긴다. 걸림돌을 만나면 오히려 이를 중요한 목표로 설정하고 결국 이루고야 만다.

여러분은 자신의 의자를 지키기 위한 그릿을 가지고 있는가? 이 세상에는 의자가 몇 개만 있는 것이 아니다. 각자 저마다 자신만의 의자가 반드시 있다. 자신의 의자를 발견해나가는 과정에서 힘든 순간을 맞이하거나 눈앞이 캄캄할 때에는 먼 곳을 보지 말고 가까운 데를 잠깐 살펴보자.

'나는 아직도 꿈이 없는데, 남들보다 뒤처지지 않을까 걱정이야.'

'나보다 잘하는 친구들이 왜 이렇게 많지? 포기해야 하나?'

경쟁 사회에서 살아남기 위해 남의 의자를 뺏으려고 하다 보면 오히려 마음만 조급해지고 의기소침해진다. 그럴 때에는 그 고민을 잠시 접어두고 생각이 조금 정리되면 지금 해야 할 일부터 적어보는 건 어떨까? 포기할 이유를 찾기보다는, 그럼에도 불구하고 내가 끝까지 해내야만 하는 이유를 찾는 것이 더 현명하다.

나에게 닥치는 장해물은 모두 나름의 의미가 있다. 계획대로 되지 않으면 좀 어떤가! 그 길이 아니라면 좀 돌아가면 어떤가! 중요한 것은 속도가 아니다. 사람마다 그 속도가 다른 것처럼 사람마다 속도가 붙는 시점도 다르다. 누군가는 나의 의자를 빨리 찾을 수도 있고, 누군가는 나의 의자를 천천히 만날 수도 있다. 의자를 빨리 찾았지만 그 의자가 불편해 다시 또 다른 의자를 찾는 사람도 있을 것이다.

다만 아무것도 하지 않고 나를 방치하지는 말자. 강이 바위를 뚫고 흐르는 이유는 힘이 세기 때문이 아니라 멈추지 않기 때문이다. 수없이 실패를 겪을지라도, 기대만큼 성과가 나지 않더라도 꾸준히 끊임없이 나의 길을 향해 한 걸음씩 움직인다면 반드시 나의 의자를 찾을 수 있을 것이다. 지금 이 순간에 이 책을 읽는 여러분은 이미 나의 의자를 찾은 것과 같다. 나 자신에게 박수를 쳐주자!

Self Action Plan. 내가 지금 당장 할 수 있는 노력

하고 싶은 건 많은데 무엇부터 해야 할지 모르겠다고요?
뭘 해야 할지, 하고 싶은 일이 특별히 없다고요?
거창하지 않아도 돼요. 공부든, 운동이든, 댄스든, 그림
그리기든 내가 관심 있는 분야를 골라 당장 오늘, 일주일, 한 달
이내에 내가 당장 할 수 있는 목표를 세우고 실천해보세요.

저는
실패가
두려운걸요

경기도의 한 청소년수련관에서 주최한 청소년 진로 토크 콘서트에 강연을 하러 갔을 때 질의응답 시간에 한 학생이 질문을 했다.

"꿈은 있는데 실패할까봐 펼치기가 어려워요. 꿈쌤은 실패에 대한 두려움을 떨치는 방법이 있나요?"

꿈은 있지만 그 꿈을 과연 이룰 수 있을지, 그 분야에서 성공할 수 있을지 걱정하고 두려워하는 친구들이 생각보다 참 많았다. 나는 이 친구들에게 나의 경험담을 들려주었다.

사람들은 대부분 성공을 바라지만 실패를 너무 두려워한다. 나역시 실패가 두렵다. 하지만 지금의 꿈쌤이 있는 이유는 돌아보면하나같이 실패의 순간 덕분이었다. 고등학교 때 반에서 꼴찌를 하며 성적이 바닥까지 떨어졌을 때 자존감도 덩달아 바닥까지 떨어져서 아무것도 할 수가 없었다. 내 인생은 실패했다고 생각했다. 하지만 그 덕분에 나처럼 고민하는 청소년들을 만나는 일을 하고 싶다는 꿈을 갖게 되었다. 워낙 성적이 낮았던 터라 재수를 선택했던 나는 친구들이 대학생이 되어 캠퍼스 생활을 누릴 때 나 홀로 외로운 싸움을 해야 했다. 나 혼자 뒤처지는 기분이 들었지만 대학에 1년 늦게 들어간 만큼 대학생활을 더 알차게 보낼 수 있었다. 그러다 졸업을 앞두고 취업 실패라는 문턱 앞에 공부를 더 하고 싶다는 핑계로 도피 삼아 대학원에 진학했다. 남들보다 취업은 2년 늦어졌지만 2년 동안 대학원에서 공부하며 나의 전문성을 더 확보할 수 있었다. 실패라고 생각했던 순간들이 돌이켜보니 오히려 내게 또 다른 기회를 선물하고, 나를 단단하게 만드는 원동력이 되었다. 그래서 나는 힘든 순간을 맞이할 때마다 의도적으로 스스로 주문을 외운다.

'또 어떤 기회가 찾아오려고 이럴까? 나에게 좋은 일이 생기려나 보다.'

실패는 기회의 또 다른 이름으로 예상치 못하게 다가온다. 하지만 누군가는 그 기회를 잡고, 누군가는 그것이 기회인지도 모르고 놓쳐버린다. 실패가 두려워 도전하지 않고 아무것도 하지 않으면 내게 아무 일도 일어나지 않는다. 도전의 결과는 성공과 실패 둘 중 하나가 아니다. 도전하는 만큼 성장하는 것이다.

도전 그리고 변화

윤근이는 하고 싶은 일도 많고, 꿈도 많은 학생이었다. 열두 살 때쯤 평소에 취미로만 하던 축구를 제대로 배워서 축구선수가 되고 싶은 생각이 들었지만 '축구선수로 성공하기 진짜 힘들다고 하던데, 실패하면 어쩌지?'라는 걱정에 선뜻 부모님께 말씀드리기가 힘들었다. 용기를 내서 부모님께 축구를 하고 싶다고 말씀을 드리자 예상대로 취미로만 하라며 반대하셨다. 하지만 윤근이는 축구선수에 대한 꿈을 포기하지 않고 가슴속에 계속 가지고 있었다.

어느덧 중학생이 된 윤근이는 진지하게 부모님께 말씀드렸다.

"나중에 후회하지 않도록 정말 열심히 축구를 해보고 싶어요."

윤근이의 마음이 통했는지 그토록 반대하던 부모님이 허락을 해주셔서 마침내 축구부에 들어가 축구선수 꿈나무로서의 길을 걷기 시작했다. 처음 축구부에 들어갔을 때 윤근이는 기운이 넘치고, 하고 싶은 의지도 굉장히 강했다. 친구들과 같이 숙소 생활을 하면서 함께 훈련을 하다 보니 몸은 힘들어도 마냥 재미있고 행복했다.

하지만 이 행복은 얼마 가지 못했다. 계속되는 지옥 훈련에 점점 지쳐갔고, 항상 응원해주던 가족들이 곁에 없어서 그런지 외롭고 힘들었다. 그렇게 1년이 지나고 윤근이는 처음에 기대했던 것과 달리 축구에 대한 흥미가 점점 떨어졌다. 그러던 어느 날 친구들의 말을 듣고 충격을 받았다.

"야, 축구부 활동비 냈냐? 가정형편도 어려운데 부모님께 말씀드리기 죄송하네."

"축구부 활동비? 그런 것도 있어?"

그때 처음으로 부모님이 축구부 활동비를 내고 있었다는 사실을 알게 되었다. 경제적인 면은 생각도 안 하고 무작정 축구부에 들겠다고 부모님을 설득시켰는데 축구부 활동비가 생각보다 너무 많이 든다는 것을 알고 부모님께 죄송한 마음이 들었다.

1년 동안 축구부 생활을 하면서 축구가 적성에 맞지 않다는 생각과 비용에 대한 부담이 크게 다가오자 더 이상 이런 마음으로 축구를 할 수 없다는 결론을 내렸다. 힘들게 허락을 받아 축구를 시작했는데 1년 만에 그만두겠다고 말하기가 죄송했지만 조심스레 자신의 결정을 말씀드렸다. 그러자 부모님은 다소 실망한 표정이었다. 하지만 "그래, 힘들면 그만해"라며 윤근이의 결정을 존중해주었다.

윤근이는 끝까지 해내지 못했다는 좌절감에 휩싸였다. 동시에 자신의 인생에서 대부분을 차지하던 축구가 한순간에 없어지니 허무했다. 축구를 그만두고 한동안 자신이 진정으로 하고 싶은 일이 무엇인지 찾지 못했다.

하지만 윤근이는 축구를 시작했던 것을 후회하지 않는다. 그때 부모님을 설득시키지 못하고, 축구부에 들어가지 않았더라면 평생 아쉬움과 후회가 남았을 것이다. 고작 1년이었지만 자신이 하고 싶은 일에 도전해보고 실패도 맛보면서 윤근이에게 큰 변화가 생겼다. 사람들 앞에 서면 쑥스러워하던 윤근이가 이제는 수업시간에 당당하게 친구들 앞에서 발표할 수 있게 되었고, 무슨 일에든 자신감을 갖게 되었다. 새로운 일에 도전하는 용기도 갖게 되었다. 막상 축구를 그만두었을 때에는 세상이 다 끝난 것처럼 느껴졌는데 다시 생각해보니 그냥 한 번 넘어진 것뿐이었다. 그 사실을 담담히 받아들이니 오히려 또 다른 새로운 세상을 바라볼 기회가 된 것 같았다.

앞으로도 윤근이가 새로운 도전 앞에 두려워하지 않고 자신의 삶을 믿고 당당하게 걸어가리라 믿는다.

실패에 대처하는 방법

처칠은 "성공이란 열정을 간직한 채 실패와 실패 사이를 건너가는 능력"이라고 말했다. 자신만의 분야에서 인정받고 끊임없이 성장하는 사람들의 가장 큰 공통점은 실패에 대처하는 능력이 있다는 점이다. 실패를 실패라고 생각하고 무너지는 것이 아니라 오히려 성공을 위한 디딤돌 삼아 꿈을 향해 한 단계 도약하는 것이다.

세계적으로 존경받고 사랑받는 피겨 요정 김연아 선수만 봐도 그렇다. 그녀는 수십 번 반복되는 점프 연습을 하면서 빙판에서 넘어지고 또 넘어져도 다시 일어나 연습을 반복하며 실력을 갈고닦았다. 김연아 선수는 자신의 경쟁 상대는 남이 아닌 '자신'이라고 생각했다. 실패가 반복될 때마다 포기하고 싶었지만, 내가 극복하고 이겨내야 할 사람은 바로 나였기에 스스로 자신에게 스스로 동기부여를 주고 실패를 오히려 기회로 삼고 극복해나갔다. 이것이 김연아 선수가 많은 사람에게 존경받고 성공할 수 있었던 이유다.

김연아 선수뿐만 아니라 여러분이 좋아하는 많은 아이돌 그룹이나 가수들도 계속되는 오디션의 실패, 기나긴 연습생 생활 속에서도 포기하지 않고 끊임없이 자기 관리를 했기에 지금 많은 사람한테 사랑받게 된 것이다.

농구 역사상 가장 위대한 선수라는 칭송을 듣고 있는 마이클 조던은 흔히 천재적인 재능을 타고난 것으로 알려졌지만 사실 그의 삶은 도전과 실패의 연속이었다. 그는 자신이 성공한 이유를 이렇게 말한다.

"나는 내 농구 경력에서 9,000개 이상의 골을 성공시키지 못했다. 나는 거의 300경기에서 패배했다. 나는 승리를 위한 골 찬스가 주어졌을 때 26번이나 넣지 못했다. 나는 내 인생에서 실패하고, 실패하고, 또 실패했다. 그리고 그것이 내가 성공한 이유다."

그는 누구나 종종 실패를 할 수 있기에 실패하는 것을 받아들일 수는 있지만, 도전조차 하지 않는 것은 받아들일 수 없다고 말한다.

그렇다, 해보지도 않고 후회하는 것보다 후회하더라도 일단 해보는 것이 낫지 않을까? 실패했다고 좌절하거나 의기소침해 있기보다는 나를 단단하게 만드는 원동력으로 만들어보자. 실패를 배움의 기회로 여긴다면 여러분은 반드시 원하는 목표에 도달할 수 있을 것이다. 실패를 즐겨라! 실패란 성장의 또 다른 이름이다.

Self Action Plan. 실패 경험을 즐겨라!

지금까지 스스로 실패했다고 생각했던 경험이 있나요?

그 실패가 지금 나에게는 어떤 영향을 미쳤나요?

그 경험이 나에게 준 기회를 발견해보세요.

넘어지면 어때,
다시 일어나면
되지!

•   요즘 청소년들에게 핫한 프로그램 중 하나는 단연 10대들의 고뇌와 꿈을 보여주는 힙합 오디션 프로그램 〈고등래퍼〉다. 방송이 끝난 후에도 출연자들의 인기는 청소년들 사이에서 그야말로 하늘을 찌른다. 〈고등래퍼〉 시즌 2의 우승자 김하온은 사실 〈고등래퍼〉 시즌 1에 고등학교 1학년 신분으로 출전한 경험이 있었다. 당시에는 별다른 실력을 보여주지 못하고 통편집 된 아픈 경험을 가지고 있었다. 슬럼프가 있었을 법도 한데 그는 오히려 시즌 2에서 여유로움과 자신만의 독특한 스타일을 보여주며 선풍적인 인기를 얻었다.

무엇이 김하온을 1년 만에 그렇게 달라지게 했을까? 그 답은 김하온의 '자퇴 계획서'에서 찾을 수 있다. 김하온은 자신의 꿈인 음악의 길을 걷기 위해 고등학교를 자퇴하기로 결심했다. 무작정 자퇴하는 것이 아니라 부모님을 설득하기 위해 자신이 자퇴하려는 이유와 자퇴 뒤 인생 계획 등을 적어 부모님께 제출했다. 그리고 대자보에 학교에 가지 않는 시간 동안 미디, 피아노, 영어 등 자신의 꿈을 이루는 데 도움이 되는 다른 실력을 키우겠다는 계획을 빼곡히 작성해서 방에 붙여놓았다. 어린 나이임에도 불구하고 자신의 인생에 대한 뚜렷한 목표와 구체적인 계획에 그저 감탄이 절로 나온다. 김하온 외에도 학교를 그만두고 서울로 상경해 작업실에서 생활하며 자신의 꿈을 향해 도전하는 몇몇 출연자들의 모습들이 인상적이다.

보통 '자퇴생'이라고 하면 어떻게 생각할까? '학교에 적응 못 한 아이다, 문제아다, 일진이었냐' 등 여전히 이들을 향한 사회적 시선은 여전히 곱지 않다. 실제로 한 다큐에서는 검정고시생들이 이러한 편견 때문에 입시뿐만 아니라 취업의 문턱 앞에서도 좌절하는 사례를 방영하기도 했다. 해마다 학교를 떠나는 학교 밖 청소년들이 증가하고 있다. 하지만 이제 '자퇴'란 단순히 과거처럼 불량한 학생들이 추방당한 결과가 아니다. 학교를 그만둔 친구들 중 상당수는 자신이 하고 싶은 일에 도전하거나 좋아하는 일에 집중하기 위해 그러한 선택을 했다. 물론 자퇴가 무조건 정답은 아니다. 내가 선택한 길인 만큼 책임도 스스로 져야 한다. 그럼에도 불구하고 자신만의 인생을 스스로 개척하기 위해 새로운 길에 도전하고 용기를 낸 이들에게 뜨거운 응원의 박수를 보낸다.

모범생의 자퇴 선언

수빈이가 어릴 적 엄마는 수빈이와 함께 집에 있으면서 책을 읽어주는 시간을 중요시 여겼다. 그래서 수빈이는 유치원이나 어린이집에 다니지 않고 엄마와 많은 시간을 함께했다. 여덟 살이 되어 초등학교에 들어간 수빈이는 친구들과 함께하는 단체생활이 처음이라 그런지 학교 가는 게 너무 재미있었다.

체육대회 날, 수빈이는 1학년 대표로 표창장을 받게 되었다. 떨리는 마음으로 교장 선생님께 상을 받고 뒤를 돌았는데 1,000여 명의 전교생이 자신을 바라보고 있었다. 수빈이는 수많은 사람이 자신을 바라보고 있는 그 느낌이 너무 설레고 좋았다.

'와, 저렇게 많은 사람이 나를 바라보고 있네. 내가 상을 받아서 이렇게 다시 단상에 올라오려면 어떻게 해야 되지?'

그때 그 순간을 계기로 수빈이는 6년 동안 적극적으로 열심히 생활하며 모범적으로 학교생활을 했다. 중학생이 되어서 처음으로 수빈이에게 간절히 원하는 목표가 하나 생겼다.

'고등학교를 좀 특별한 학교로 가고 싶어.'

수빈이는 세 곳의 학교를 목표로 정하고 중학교 3년 동안 최선을 다했다. 공부는 물론, 학교에서 열리는 대회란 대회는 다 참가했다. 많은 시간을 고입을 위한 포트폴리오를 만드는 일에 몰두했다. 주변에서도 그런 수빈이를 보면서 "수빈이는 꼭 합격할 거야"라며 응원해줬다. 하지만 생각지 못한 '불합격' 소식에 수빈이는 좌절할 수밖에 없었다.

'3년 동안 그렇게 열심히 노력했는데도 불합격이라니, 말도 안 돼.'

겉으로는 담담하게 '이렇게 된 이상 열심히 공부해서 남들보다 좋은 대학에 가야지'라며 불합격 결과를 받아들이는 척했지만 속으로는 그게 아니었다. 열심히 노력해도 실패할 수 있다는 사실이 열여섯 살 수빈이에게는 엄청난 충격이었다.

어쩔 수 없이 수빈이는 목표하지 않았던 고등학교에 입학하게 되었다. 고등학교에 입학하자마자 수빈이 앞에 '공부'라는 커다란 장벽 하나가 또 막아섰다. 수빈이는 사실 그때까지 제대로 된 공부를 한 번도 해본 적이 없었다. 초등학교 때에는 어렸을 때 읽은 책을 바탕으로 별다른 공부를 하지 않아도 점수가 잘 나왔다. 중학교 때에는 부모님이 문제집을 절대 안 사줘서 교과서 위주로 공부하거나 선생님이 주신 자료들을 몇 번 읽는 게 전부였다. 그렇게 대외 활동과 병행하면서 공부를 해도 성적은 꽤 잘 나왔다. 하지만 고등학교는 달랐다. 수빈이와 친구들의 공부 양 차이가 엄청났다. 우연히 친구의 기숙사에 들어갔는데 진짜 드라마에서나 보던 문제집으로 가득 찬 책상이 있었다.

'휴, 내가 이런 친구들을 어떻게 이겨……'

계속 이런 생각만 머릿속에 맴돌면서 자신이 없어졌다.

'딱 1년만, 더도 말고 덜도 말고 딱 1년만 있으면 내가 저 공부 양을 다 따라잡을 수 있을 것 같은데.'

수빈이는 1학년 1학기를 마치고 무작정 부모님께 자퇴 선언을 했다. 아무런 대책 없이 자퇴 선언을 한 수빈이를 보며 부모님은 "모범생이었던 우리 딸이 돌연 자퇴라니, 쓸데없는 소리하지 마"라며 반대했다. 수빈이는 결국 부모님을 설득시키지 못하고 그대로 학교를 다녀야 했다.

초등학교, 중학교 생활을 나름 유별나고 특별하게 보냈던 수빈이는 고등학교를 다니면서 지극히 평범한 삶을 살았다. 계속되는 실패와 좌절 속에 수빈이는 넘어지기 일쑤였다. 그러면서 슬럼프가 찾아왔다. 고등학교 2학년 2학기를 마칠 때쯤 수빈이는 문득 정신이 번쩍 들었다.

'열정도 많고 하고 싶은 일도 많았던 나인데…… 이건 내가 아니야. 그래, 예전의 나로 다시 돌아가자.'

수빈이는 한없이 즐겁게 책을 읽고, 꿈과 목표를 향해 정신없이 달려가던 자신의 모습이 그리웠다. 이대로 자신의 고등학교 시기를 아쉬움과 후회만 가득한 채 보내고 싶지 않았다. 긴 고민 끝에 1월 한 달 동안 대자보 종이 네 장에 1년, 1개월, 일주일 단위로 큰 계획을 세웠다. 동시에 집에 있는 책들을 몽땅 다시 꺼내 눈에 잘 보이는 곳에 정리했다. 정리하고 계획만 세우는 데에도 한 달이 걸렸다.

1학년 때와 달리 이번에는 자퇴를 한 후 어떻게 할지 구체적인 자퇴계획서를 써서 부모님께 다시 말씀드렸다. 구체적인 계획과 뚜렷한 목표를 가진 수빈이를 이번에는 부모님도 응원해주었다. 자퇴를 하고 나니 가끔 친구들이 수빈이에게 "넌 뭐가 그렇게 바쁘냐, 시간도 많은데 좀 놀면서 하라"고 이야기를 한다. 하지만 오히려 시간이 많으니까 더 바쁘게 계획을 세워서 부지런하게 생활한다. 매일 의무적으로 가야 하는 학교를 안 가는 대신, 아침 일찍 영어 학원에 가서 영어 공부도 하고, 오후에는 도서관이나 카페에 가 책도 읽으며

'마음속의 정리'를 한다. 저녁에는 스트레스도 풀고 체력 관리도 할 겸 헬스랑 댄스 학원을 다닌다. 자격증 공부도 시작했다. 학교 다닐 때보다 피곤하지 않아서 도서관에서 몇 시간 폭발적으로 집중해서 공부할 때 행복함마저 느낀다. 물론 또래 친구들이 그립고 가끔 외로울 때도 있다. 하지만 자신이 선택한 그 길에 후회는 없다. 수빈이는 오히려 앞으로 자신에게 펼쳐질 미래가 기대되고 가슴이 뛴다. 새로운 길에 도전하며 자신의 길을 스스로 이끌어가는 수빈이는 진정 자신의 삶의 주인으로 살아가고 있다.

너는 아름다운 나비가 될 수 있어

누군가 나에게 딱 한 권의 책을 추천해달라고 하면 나는 망설임 없이 트리나 폴러스의 《꽃들에게 희망을》이란 책을 추천한다. 얇은 그림책이라 순식간에 읽을 수 있지만 한 장, 한 장 넘길 때마다 가슴속에 울림을 주고 그 여운이 참 오래가는 책이다.

수많은 애벌레들은 기둥 위에 무엇이 있는지도 알지 못한 채 남들이 오르니까 무조건 그 대열에 합류하여 기를 쓰고 기둥 위를 향해 올라간다. 기둥 위에, 그 꼭대기 위에 뭐가 있는지 정확히 모르지만 다들 올라가려고 기를 쓰는 모습, 서로 짓밟거나 짓밟히면서 경쟁하는 애벌레들의 모습이 대한민국의 교육 현실처럼 느껴진다.

입시 위주의 교육 과정 속에서 대한민국의 청소년들은 일단 대학만 가면 된다는 생각에 서로 경쟁하며 좋은 등급을 받기 위해 치열하게 살아간다. 정작 자기 자신이 왜 대학에 가야 하는지 그 이유도, 명확한 목표도 없이 올라가다 보면 삶이 무의미해진다. 그러다 그 위에 무엇이 있는지를 발견하고 나면 허무함을 느끼며 다시 방황하게 된다. 내가 왜 저 높은 기둥 위에 올라가는지 알고 있다면, 저 기둥 위에 올라가는 것만이 나를 위한 방법인지 그 이유를 한번 생각해본다면 실망감과 허무함이 크지 않을 텐데 말이다.

높은 기둥을 향해 무작정 올라가려고 애쓰던 호랑 애벌레는 깨달았다. 꼭대기에 오르는 것이 자신의 간절한 소망이 아니라는 것을. 막연하게 다른 사람들이 가는 길을 따라가는 것이 중요한 게 아니라 자신이 진정으로 원하는 길을 찾는 게 더 중요하다는 것을 말이다. 그래서 호랑 애벌레는 높은 기둥을 향해 올라가는 수많은 애벌레들의 대열에서 용기를 내 이탈한다. 그리고 나비가 되기 위해 고치 속에 들어가기로 결심한다. 고치 밖에서는 아무 일도 없는 것처럼 보일지 모르지만, 애벌레가 고치 속에 들어가는 순간부터 나비는 이미 만들어진다. 다만 시간이 걸릴 뿐이다. 결국 호랑 애벌레는 나비가 되어 힘들게 높은 기둥을 기어오르지 않고 두 날개로 더 높은 곳까지 자유롭게 날아오를 수 있었다.

미국에서 가장 영향력 있는 파워블로거이자 베스트셀러 작가 마크 맨슨은 그의 저서 《신경 끄기의 기술》에서 "무조건 믿고 노력하는 것만으로 인생이 특별해지거나 행복해지는 것은 아니며, 앞뒤 따지지 않는 긍정은 오히려 독이다. 때론 내려놓고, 포기하고, 더 적게 신경 써야만 인생에서 진짜 중요한 것들을 발견할 수 있다"고 강조한다. 내 인생에서 진짜 중요한 것에 신경을 쓰려면 하찮은 것들에는 적당히 신경을 끌 줄 아는 기술이 필요하다는 것이다.

여러분도 마찬가지다. 삶의 뚜렷한 목표 없이 그저 남들이 올라가는 높은 기둥을 향해 무작정 따라가다 보면 실망감과 허무함을 느낄 수 있다.

'다시 내려가야 할까, 일단 올라왔으니 끝까지 올라가야 할까?'

선택의 기로 앞에서 고민할지도 모른다. 그럴 때에는 기꺼이 포기하고 내려놓을 줄도 알아야 한다.

다시 시작해도 괜찮다. 지금이라도 깨닫고 다시 시작할 수 있으니 얼마나 다행인가! 좀 넘어져도 괜찮다. 넘어지면 좀 어때. 다시 일어나서 걸어가면 된다. 겁낼 것 없다. 남들이 좀 뭐라고 해도 괜찮다. 나만 당당하고 괜찮으면 그뿐이다. 오히려 그들에게 당당하게 말해보자.

"내 인생에 신경 끄고, 너나 잘하세요."

Self Action Plan. 내 인생의 우선순위 정하기

무언가를 얻기 위해서는 무언가를 포기할 줄도
알아야 하는 법입니다.
나에게 가장 중요한 것이 무엇인지, 지켜야 할 것은 무엇인지,
버려할 것은 무엇인지 내 인생의 우선순위를
생각해보세요.

슬럼프를
이겨내는 방법

• "47/47"

성적표를 받아 석차를 확인하는 순간 눈앞이 캄캄했다. '어떻게든 되겠지'라는 무책임한 생각에 고등학교 1학년 때부터 공부에서 손을 놓았지만 이 정도일 거라고는 생각하지 못했다.

'내가 꼴등이라고? 내가 공부를 안 해서 그렇지, 이건 내 성적이 아니야. 이번 시험은 운이 안 좋았어.'

'꼴등'이란 결과 앞에서도 현실을 부정하고, 자신을 합리화시키며 다시 같은 결과가 반복되는 상황 속에서 슬럼프가 왔다. 자존감도 점점 떨어지고 의기소침해지는 나 자신이 한심했다. 그러다 열아홉 살, 10대의 끝자락에 나 자신을 돌아보니 참 후회가 되었다.

'아, 내가 왜 이렇게 무책임하게 나의 고등학교 시절을 흘려보냈을

까. 지금이라도 공부를 시작해도 늦지 않을까? 나는 이제 어떻게 살아가야 하지?'

앞으로 어떻게 해야 할지, 너무 뒤처진 공부를 어디서부터 어떻게 시작해야 할지 답답하고 막막했다. 내 삶에 있어 가장 큰 선택의 기로에 놓인 시기였다.

'그래, 지금이라도 남은 고3 시기를 후회하지 않도록 최선을 다해 보자.'

이제 누가 시키지 않아도 스스로 열심히 공부하겠노라 다짐했다. 그리고 슬럼프를 극복하기 위해 그때부터 나의 학교생활은 180도 달라졌다. 매일 엎드려 자던 내가 반에서 제일 먼저 등교해서 공부를 하기 시작했고, 쉬는 시간에도 화장실에 가는 것 외에는 움직이지 않고 자리에 앉아 책을 보려고 노력했다. 그동안 공부를 워낙 안 했기에 일단 앉아서 무식하게 닥치는 대로 외웠다. 달라진 나의 모습에 친구들은 나에게 '의자왕'이란 별명을 붙여주기도 했다. 그 노력의 대가로 성적이 점점 올라가기 시작했다. 당시 반에서 47등이었던 나는 마지막 시험에서 성적이 상위권으로 올랐다.

"그동안 열심히 공부하느라 우리 반 모두 수고했어요. 그중에서도 성적 향상의 기복이 가장 큰 친구가 있어요. 등수도 중요하지만 그동안 열심히 노력한 수연이한테 우리 다 함께 박수를 쳐줄까요?"

담임선생님과 친구들에게 박수 세례를 받자 가슴이 벅차올랐다.

알버트 아인슈타인은 "삶을 사는 데에는 두 가지 방법이 있다. 하나는 기적이란 없는 듯이 사는 것, 또 하나는 모든 일이 기적인 듯이 사는 것이다"라고 말했다. 결국 삶은 나의 선택과 책임에 따라 기적이란 없는 듯이 살거나, 모든 일이 기적인 듯이 살아가게 된다. 만약 두 가지 방법 중 하나를 선택한다면 여러분은 어떤 선택을 하겠는가?

갑자기 찾아온 슬럼프

수민이는 초등학교 5학년 때부터 만화를 통해 알게 된 파티쉐를 꿈꾸게 되었다. 부모님은 수민이의 꿈을 기꺼이 응원해주시는 든든한 지원군이었다. 하고 싶은 일이 있으면 뭐든 하라고 하셔서 중학교 때에는 학원을 다니며 제과, 제빵기능사 자격증을 따고, 고등학교는 특성화고로 입학을 했다. 부모님과 주변 사람들은 어린 나이에 꿈을 정했다며 수민이를 기특해했다. 하지만 그런 수민에게도 고민이 있었다.

수민이는 문득문득 '내가 다른 사람의 인생을 살고 있는 게 아닐까?'라는 생각이 들었다. 스스로 직접 정한 진로임에도 불구하고 이런 생각이 들 때가 있었다. 스스로 생각해도 당황스러웠다. 특히 뭔가 스스로 하기로 결정을 했으면서 의욕이 안 생기고 무기력해지거나 회피하고 싶을 때나 갑자기 일이 술술 잘 풀릴 때 이런 생각이 많이 들었다. 그렇다고 '이게 내 흥미에 맞지 않는 것은 아닐까'라는 의문을 품었을 때 '응, 그런 것 같아'라는 답이 나온 적은 없었다. 어떻게 하면 이런 기분이 사라질까, 아무리 고민을 해도 여전히 반복되는 그런 고민 앞에 답을 내리지 못하고 있다. 그래서 수민이는 그런 기분이 들 때면 '그럼 대신 살고 있는 인생, 제3자의 입장에서 봤을 때 난 잘 살고 있나?'라는 물음을 자기 자신에게 던졌다.

고등학교에 입학한 수민이는 1학년 초반부터 제과제빵 동아리에 들어가 청소와 실습을 했다. 수민이는 1년 내내 집착하듯 동아리 활동에 전념했는데, 어떤 일을 계기로 더 이상 활동을 할 수 없게 되었다.

이 일을 겪으며 2학년이 된 수민이는 굉장히 예민해지고, 스트레스를 많이 받기 시작했다. 동아리 활동에 매진했던 1년 반이 너무나 허무하게 느껴져 서럽게 울기도 했다. 그저 동아리 활동을 할 수 없게 된 것뿐인데 너무도 의기소침해지고 아무것도 하고 싶지가 않았다.

그렇게 슬럼프에 빠질 무렵, 수민이는 이렇게 시간을 흘려보내기가 아깝고 억울하다는 생각이 들었다. 그래서 자신의 진로 선택인 제과제빵에만 틀어박혀 있지 않고 다양한 분야에서 자신이 할 수 있는 일을 찾기 시작했다. 충동적으로 손글씨 책을 구매하거나, 평소에는 잘 읽지 않던 장르의 책을 읽어보기도 하고, 좋아하는 연예인의 팬 미팅 행사에도 참여하면서 스트레스를 해소하기도 했다.

덕분에 동아리 활동에 쏟아붓던 시간들을, 아침에는 도서관에 가거나 친구들과 대화를 하고, 점심에는 학교의 정자에 나가 쉬기도 하고, 저녁에는 급식 당번을 하며 채우게 되었다. 뿐만 아니라 원래 그림을 보거나 무언가 만들기를 좋아했기에 제한이 많지 않은 창작부에 가입해 예전부터 생각했던 '그림 그리는 파티쉐'가 되기 위해 그림 연습도 했다. 지금은 칵테일 병으로 재주를 부리는 플레

어를 배우는 동아리에도 가입해 즐거운 학교생활을 보내고 있다.

수민이는 한 가지에 집중하던 시기도 행복했지만, 여러 가지를 경험해볼 수 있는 지금 이 순간도 행복하다고 생각하고 있다.

'지금 생각하면 오래 산 것도 아니면서 왜 벌써부터 그 시간이 허무하다며 붙잡고 있었는지 모르겠네. 시간이 다 해결해주는구나.'

수민이는 불과 1년 전 자신이 왜 그렇게 힘들어했었나 싶어 웃음이 날 때도 있다고 한다.

수민이의 꿈은 파티쉐지만 여러 가지를 배워보고 싶어서 조주 같은 다른 자격 취득 시험에도 도전을 많이 했다. 하지만 늘 결과가 좋았던 건 아니다. 몇 번이고 시험에서 떨어지고, 떨어질 때마다 시험이 너무 무서웠다며 덜덜 떨기도 하고 눈물을 보이기도 했다. 하지만 포기하지 않고 이번에도 시험을 보러 갈 예정이다. 제과 자격증을 취득할 때에도 여러 번 떨어져봤기 때문에 포기하지 않으면 언젠간 꼭 붙을 거라고 믿기 때문이다.

슬럼프는 성장하고 있다는 증거야

영국 소설가 로버트 루이스 스티븐슨의 명언이 있다.

"좋은 카드를 가지고 있다고 해서 항상 이기는 게임이 아니다. 무엇보다 중요한 것은 나쁜 카드를 가진 상황에서 어떻게 게임을 성공적으로 잘 풀어가는가이다."

누구에게나 슬럼프가 온다. 슬럼프는 평소 자신이 하는 일에서 실력을 제대로 발휘하지 못하고 저조한 상태가 계속되는 증상을 뜻한다. 인생을 살아가며 다양한 상황 속에서 누구나 한 번쯤은 겪게 되는 현상이다.

우리는 슬럼프가 오는 것을 두려워한다. 하지만 슬럼프는 나쁜 것이 아니다. 오히려 내가 그 일에 정말 최선을 다했다는 증거다. 슬럼프는 내가 한층 성장하는 데 필요한 성장통일 뿐이다. 중요한 것은 슬럼프에 대처하는 자세다. 같은 강도의 슬럼프에도 누군가는 쉽게 훌훌 털어버리고 일어나지만, 누군가는 헤어나오지 못한다.

슬럼프를 무조건 부정적으로 바라볼 것이 아니라 나의 성장을 위한 또 하나의 기회라고 생각해보자. 슬럼프가 왔을 때 넘어져도, 좌절해도 괜찮다. 방황해도, 힘들어해도 괜찮다. 중요한 것은 넘어졌다고 포기하지 않는 것이다.

나의 롤모델인 김미경 원장님은 슬럼프를 극복하는 방법에 대해 이렇게 말했다.

"슬럼프를 겪으면 우리는 제자리걸음입니다. 그러나 절망하지 마세요. 제자리걸음이라는 건 근육이 성장하고 있다는 겁니다. 슬럼프는 성장의 기회예요. 슬럼프를 사랑하세요."

나에게도 종종 슬럼프가 찾아올 때가 있다. 그럴 때 나는 잠시 하던 일을 멈춘다. 친한 친구를 만나서 실컷 수다를 떨며 나의 힘든 일을 털어놓고 위로도 받는다. 그러다 보면 스트레스도 풀리고, 오히려 나 스스로 답을 찾고 다시 동기부여가 되어 힘이 솟는다.

여러분도 슬럼프를 극복할 나만의 방법을 스스로 찾아보자. 슬럼프가 오면 잠시 하던 일을 멈추고 하늘을 쳐다본다거나, 혼자 생각

216

할 수 있는 조용한 시간을 가져보자. 평소에 가보고 싶었던 곳으로 여행을 떠난다거나, 보고 싶었던 영화나 만화책을 본다거나 하며 잠시 혼자만의 여유를 느껴보자. 더 이상 두려워하지 말고 오히려 반갑게 맞이하자. 슬럼프가 왔다는 것은 그만큼 내가 성장하고 있다는 증거니까.

Self Action Plan. 나의 단점을 장점으로 바꾸는 연습

나의 단점이 자꾸 보이나요?

그로 인해 내게 슬럼프가 찾아오나요?

슬럼프를 날려버릴 가장 좋은 방법은 나의 단점을 장점으로!

오히려 위기를 기회로 만드는 거예요.

바꾸고 싶은 나의 단점을 생각해보고 그 단점을 장점으로 바꿀 수 있는 방법을 고민해보세요. 그 단점이 오히려 여러분에게는 기회가 될 수 있답니다.

후회는
실패가
아니야

만약 오늘이 삶의 마지막 날이라면 어떤 일이 가장 후회가 될까? 흔히 '가족과 함께 시간을 더 많이 보낼걸, 좋아하는 사람에게 고백이라도 해볼걸, 감사의 마음을 좀 더 많이 표현할걸, 실컷 놀아볼걸, 공부를 좀 더 열심히 할걸'이라며 하지 못한 일에 후회를 많이 한다.

사람들은 누구나 살면서 종종 후회를 한다. 후회란 과거의 선택에 대한 죄책감, 슬픔, 분노 같은 부정적인 감정을 느끼는 행위를 의미한다. 청소년들에게 가장 후회를 많이 하는 순간을 물어보면 대부분 시험 성적이 나온 후라고 말한다. 시험을 잘 봤건 못 봤건, 공부를 열심히 했건 안 했건 '공부 좀 더 많이 할걸' 하며 후회를 한다.

해도 후회, 안 해도 후회라는데, 우리는 왜 후회를 할까? 어떤 내용이든 후회는 부정적인 시각으로 가득하다. 일상 속에서 반복되는 후회는 내가 어떤 관점으로 바라보느냐에 따라 그 의미와 효과가 달라진다.

영국의 소설가 캐서린 맨스필드는 "결코 후회하지 말 것, 뒤돌아보지 말 것을 인생의 규칙으로 삼아라. 후회는 쓸데없는 기운의 낭비다. 후회로는 아무것도 이룰 수 없다. 단지 정체만 있을 뿐이다"라고 말했다. 반면에 미국의 소설가이자 《위대한 개츠비》의 저자 스콧 피츠제럴드는 "나는 내 삶을 살고 싶다. 그래서 나의 밤은 후회로 가득하다"라고 말했다.

계속 후회만 하는 것은 정신은 물론, 육체 건강에도 부정적인 영향을 끼친다. 반면에 후회는 우리가 스스로의 행동을 되돌아보고 검토하게 도와준다. 후회를 후회로만 끝내는 것이 아니라 더 나은 관점을 갖기 위해 실패의 원인을 외부가 아닌, 자신에게서 먼저 찾아본다면 오히려 성장에 긍정적인 영향을 준다. 이것을 흔히 '반성적 사고'라고 표현한다. 후회를 통한 반성적 사고는 어제보다 나은 오늘로 성장하기 위한 핵심이다.

후회를 했기 때문에

도형이는 중학교 때 꿈도 없이, 그저 물 흐르듯 의식의 흐름대로 살았다. 아무것도 하지 않고 마냥 놀기만 하고, 하고 싶은 일도 없고, 그렇다고 딱히 구체적인 계획이 있는 것도 아니었다. 하고 싶으면 하고, 하기 싫은 공부는 거들떠도 안 보니 마냥 즐겁고 행복했다. 그러다 중학교 3학년 때 갑자기 문득 이런 생각이 들었다.

'내가 이렇게 아무것도 안 하고 놀기만 하면 앞으로도 평생 이렇게만 살게 되겠지?'

어쩌면 이렇게 의미 없이 보내는 시간들이 나중에 돌아봤을 때 정말 후회를 남길 수도 있겠다는 생각을 하게 되었다. 그때부터 도형이는 현실의 문제들을 직시하기 시작했다. 정신을 차리고 보니 후회가 되기 시작했다. 하지만 도형이는 후회를 하는 것에 그치지 않고 거기서 한 걸음 더 나아갔다. 단순히 후회에서 끝나는 것이 아니라 '아, 저번 시험에서는 내가 이걸 해서 공부가 잘 안 됐구나', '아, 이렇게 공부하면 효율이 떨어지는구나'라며 지난번에 뭘 잘못했는지, 왜 공부를 못 했는지, 왜 놀기만 했는지 구체적으로 반성하고 후회를 하면서 잘못된 점을 하나하나 고쳐나갔다. 그러면서 자연스럽게 도형이는 '약사'라는 새로운 꿈을 꾸게 되었다.

고등학생이 된 후 약사가 되기 위해 성적을 많이 향상시켰으며, 부모님이 운영하시는 약국에 가서 직접 체험도 해보고, 과학캠프나 수리탐구대회 같은 프로그램 등을 통해 약사의 꿈에 한 발자국씩 다가가고 있다. 도형이가 이렇게 변화하고 성장하면서 꿈을 갖기까지 가장 큰 역할을 한 것은 바로 '후회'였다. 돌이켜 생각해보며 후회를 했기 때문에 꿈을 가질 수 있었다. 다만 도형이는 후회하는 데 그치지 않고 기회를 놓친 원인을 파악하고, 잘못된 점을 고쳐 다시 그 기회를 잡기 위해 노력한다. 도형이에게 후회는 오히려 개선과 발전을 위한 과정인 셈이다.

후회한다는 것은 실패했다는 것이 아니다. 후회는 그 속에서 나만의 답을 찾아가는 과정일 뿐이다.

일단 해보고 후회하기

한편 도형이와 이름도 비슷한 동갑내기 친구 도현이는 꿈이 참 많았다. 중학교 때에는 꿈이 여러 번 바뀌기도 했다. 처음에는 생명공학자가 되고 싶어 했다가, 갑자기 프로그래머가 되고 싶다며 컴퓨터 학원에서 늦게까지 공부하기도 했다. 그러다 고등학교에 가보니 중학교 때 몰랐던 다양한 직업에 대해 알 수 있었다. 고등학교 때 '탈부착골근격증강기 연구원'이라는 직업에 빠지면서 또 꿈이 바뀌었다. 영화 〈아이언맨〉에 나오는 슈트를 한번 만들어보고 싶다는 생각에 너무 신이 났다.

탈부착골근격증강기 연구원은 간단히 말해 탈부착이 가능한 로봇을 사용해 골근격증강기를 개발하는 사람이다. 도현이는 이 직업에 흥미를 느껴 고등학교 2학년 방학 때에는 서울대학교에서 수업도 들으며 꿈을 향해 한 발 한 발 내딛고 있었다. 그러던 도중 도현이에게 뜻밖의 기회가 찾아왔다. 유학을 할 수 있는 기회가 찾아온 것이다. 하지만 자신이 꿈꾸던 직업과는 다른 분야였다. 망설여졌지만 어릴 때부터 유학을 동경했던 터라 이번 기회를 놓치면 후회할 것 같았다. '하지 않고 후회하는 것보다 일단 해보고 후회하자'라는 마음으로 도현이는 유학 준비를 하기로 결심했다.

면접과 자기소개서 및 다양한 서류를 준비하면서 유학을 준비하는 것 또한 힘든 과정이고, 부모님의 지지와 성원이 유학을 갈 수 있도록 길을 열어주었다는 느낌이 들었다. 유학 준비를 하는 것이 얼마나 힘든 일인지 알게 된 후 면접 준비도 열심히 하고, 서류도 정성을 다해 준비했다. 면접과 시험이 도현이에게는 무척 떨리고 긴장되는 순간이었지만 최선을 다했다. 기대한 만큼 걱정도 많았지만 결과는 '합격'이었다.

후회와 미련의 차이

우리는 종종 기회를 놓치고 후회를 할 때가 있다. 흔히 '후회'와 '미련'을 많이 혼동하는데, 이 둘은 분명히 다르다. 후회의 사전적인 정의는 '이전의 잘못을 깨치고 뉘우침'이다. 단지 우리가 깨치고 뉘우치는 단계에 와 있지 않은 것뿐이다. 이 단계에 들어설 때 우리는 후회를 기회로 바꾸고 발전할 수 있다. 반면에 미련의 사전적인 정의는 '깨끗이 잊지 못하고 끌리는 데가 남아 있는 마음'이다. 미련이 남게 되면 발전하지 못하고 계속 그곳에 머물러 있게 된다. 후회를 많이 한다는 것은 결국 우리의 인생이 아쉬움으로 가득 차 있다는 것을 의미한다. 다른 관점에서 보면 그만큼 열심히 살았다는 증거이기도 하다. 실수나 후회를 부정적으로만 받아들이지 말고 성장하고 변화할 수 있는 긍정적 기회로 받아들여보자.

프랑스의 소설가 앙투안 생텍쥐페리의 《어린 왕자》라는 책에 이런 말이 나온다.

"사막이 아름다운 이유는 어딘가에 우물을 숨기고 있기 때문이
란다."

여러분 중에는 어쩌면 자신이 지금 황량한 사막에 놓여 있는 것
같은 느낌을 받는 친구들도 있을지 모르겠다. 누군가는 삶의 문제
들이 몰고 온 모래 폭풍에 휩쓸려 주저앉아 있을 수도 있다. 내 주
위의 현실적인 문제들은 너무나도 잘 보이는데, 내가 이루고 싶은
목표는 형상도 보이지 않고 나 혼자만 사막에 떨어져 있는 것처럼
말이다.

우리의 인생도 모래와 바람으로 뒤덮인 끝이 보이지 않는 사막을
걷는 것과 같다. 그러나 우리의 삶이 아름다운 이유는 행복이 곳곳
에 숨어 있기 때문이다. 자신의 문제를 직시하다 보면, 또 그런 시련
을 계속 겪다 보면 웬만한 폭풍에도 휩쓸리지 않는 단단한 내가 되
어 있을 것이다. 그러면 언젠가 끝없이 펼쳐진 사막 속에서 자신만
의 우물을 찾을 수 있게 된다.

Self Action Plan. 후회의 감정 최소화하기

실수를 반복하거나 종종 후회를 하고 있나요?
내 삶의 모든 긍정적인 요소들을 적어보세요.
가족, 친구, 공부, 배움 등 그동안 성취한 일들을 모두 적으면서
현재를 평가하고 나의 긍정적인 요소를 확인하다 보면
후회의 감정이 완화될 거예요.

꿈쌤: 하랑아, 안녕! 뭐 하고 있었어? 요즘 많이 바빠 보이던데.

하랑: 안녕하세요, 쌤! 저는 학교 끝나고 연습실 가서 연기하고 무용 연습하고 이제 집에 와서 밥 먹고 쉬는 중이었어요! 평소에는 제가 좋아하는 배우가 되기 위해 트레이닝 하는 거라서 공부와 실기 준비 병행이 재미있었는데, 학교 시험이나 수행평가 기간이 겹칠 땐 체력이 많이 딸려서 힘드네요…….

꿈쌤: 토닥토닥, 조금만 견디자. 곧 시험이 끝나니까! 우리 하랑이는 수능 끝나면 가장 하고 싶은 게 뭐야?

하랑: 수능 끝나고 하고 싶은 거 진짜 진짜 많아요! 아르바이트도 해보고 싶고, 무엇보다 운전면허를 빨리 따서 가족들이랑 지인들을 제 차에 태워서 놀러 다니고 싶어요! 한강도 놀러 가고 싶고, 부산도 가보고 싶고, 맛집 투어도 하고 싶고, 예쁜 카페들도 가고 싶고, 전시회나 공연도 즐기러 가고 싶어요. 진짜 하고 싶은 게 너무 많아요!

꿈쌤: 하하, 쌤도 그땐 그랬지. 초등학교 때부터 배우의 꿈을 꾼 지 벌써 꽤 됐는데, 하랑이는 어떤 배우가 되고 싶어?

하랑: 음, 사실 배우라는 꿈을 갖고 나서 이런 질문을 종종 듣는데, 그때마다 답변이 달라지는 것 같아요. 어렸을 땐 마냥 사랑받는 배우가 되고 싶었고, 조금 자라서는 사람들이 내 연기를 보고 힐링 할 수 있는

배우가 되고 싶었는데, 지금은 눈이 진짜를 말해주는 배우가 되고 싶어요. '~하는 척'이 아니라 자기가 맡은 배역으로 살아가는 게 연기인 것 같아요. 그 사람으로 살아가면서 느끼는 감정은 목소리로도 표현이 되지만, 결정적으로 진짜 그 상황과 배역에 빠져 있는지는 눈이 말해준다고 생각해요. 그래서 저는 눈이 진짜를 말해주는 배우가 되기 위해서 열심히 노력하고 있어요!

꿈쌤: 잘하고 있어, 하랑이는 충분히 그런 배우가 되리라 믿어. 언젠가 하랑이가 유명한 배우가 되면 쌤 모른 척하면 안 돼! 약속!

하랑: 에이, 당연하죠! 배우가 되어도 화성시청소년수련관에 자주 가고, 수련관 선생님들께 맛있는 것도 사드리고 해야죠! 저한테 수련관 선생님들은 가족 같은 존재니까요♥

꿈쌤: 자, 마지막으로 하랑이가 또래 청소년이나 후배들에게 꼭 해주고 싶은 한마디가 있다면?

하랑: 무언가에 도전하기를 망설이는 친구들이 있다면 망설이지 말고 도전해보라고 말해주고 싶어요. 그 결과가 안 좋으면 안 좋은 대로 얻는 게 있을 것이고, 좋은 결과가 있다면 그것이 인생을 바꿔놓을 수도 있을 거예요. 저도 중학교 때 망설이면서 드림트리 오디션에 도전하지 않았다면 지금쯤 제가 뭘 하고 있을까 궁금하기도 하면서 남들과 똑같은 경험을 하고, 똑같은 일상을 살았을 수도 있었다는 생각에 옛날의 저를 칭찬하곤 하거든요. 여러분도 도전한다면 시간이 흐른 뒤 지난날의 자기 자신을 칭찬하고 있는 스스로를 발견할 수 있을 거예요! 대한민국 모든 청소년들, 파이팅!

#6 협업

함께할 때 더욱 빛나는 나

"타인과 함께, 타인을 통해서 협력할 때에야 비로소 위대한 것이 탄생한다."
– 생텍쥐페리 –

꿈쌤

채원아. 기러기 떼가 왜 V자를 유지하며 날아가는지 알아?

채원

글쎄요. 멋있어 보이려고요? ㅎㅎ

 꿈쌤

함께 멀리 날아가기 위해서래.

채원

V자 대형으로 날아간다고 어떻게 함께 멀리 날아가요?

 꿈쌤

맨 앞에 있는 기러기의 날갯짓은 공기의 저항을 만들어 뒤에 있는 기러기들이 훨씬 쉽고 덜 힘들게 날아갈 수 있도록 돕는단다.

채원

그럼 앞에 있는 기러기만 너무 힘들잖아요? 날아가다 아프면 어떡해요?

 꿈쌤

걱정하지 않아도 돼. 힘들면 뒤에 있는 기러기와 언제든지 자리를 바꿀 수 있단다. 기러기는 서로 돕고 배려하면서 함께 날아가기에 멀리 날아갈 수 있거든.

채원

와우! 사람보다 낫네요. 기러기들이 다시 보이는걸요.

  SMS/MMS OK

세상에서
가장 어려운
일은?

"세상에서 가장 어려운 일이 뭔지 아니?"

"음, 글쎄요. 돈 버는 일? 밥 먹는 일?"

"세상에서 가장 어려운 일은 사람이 사람의 마음을 얻는 일이란
다. 얼굴만큼이나 다양한 사람들의 마음에는 순간에도 수만 가지의
생각이 떠오르는데, 그 바람 같은 마음을 머물게 한다는 건 정말 어
려운 일이거든."

생텍쥐페리의 《어린 왕자》에 등장하는 대화다. 이처럼 사람과 사
람의 만남에서 서로의 마음을 얻는다는 것은 참 어려운 일이다. 학
교에서 같이 생활하는 친구의 마음을 얻는 일, 내가 좋아하는 이성
친구의 마음을 얻는 일, 내가 좋아하는 과목 선생님의 마음을 얻는

일, 내 편이 되어줄 부모님의 마음을 얻는 일 등 인생을 살아가면서 누군가의 마음을 얻고 싶은 상황은 아주 많지만, 모두 내 맘처럼 되지는 않는다.

심리학자 아들러는 "인간의 모든 고민은 인간관계에서 비롯된 것이다"라고 말했다. 생각해보면 나 역시 내 인생에서 가장 힘들었거나 고민이 많았던 때는 대부분 인간관계에서 비롯된 경우가 많았다. 고등학교 때 반에서 꼴찌라는 불명예를 얻었을 때보다, 친했던 친구와의 다툼으로 사이가 멀어졌을 때가 더 힘들었다. 꿈에 그리던 대학 생활을 즐기다가도 이성친구와의 이별에 아무것도 하고 싶지 않을 때도 있었고, 사회에 나와서도 힘든 업무보다 상사와의 관계에서 상처받거나 고민에 빠지는 일이 더 많았다.

내가 하고 싶은 일을 하며 원하는 방향대로 잘 걸어가다가도 타인에 의해 마음의 상처를 받아 내 삶이 흔들리거나 시련에 빠졌던 경험이 누구나 한 번쯤은 있을 것이다. 그만큼 내 주변을 둘러싸고 있는 사람들과의 관계는 내 삶에 큰 영향을 준다.

영화를 보면 주연배우가 아무리 연기를 잘해도 주연의 연기력을 뒷받침해주는 조연배우들의 존재감이 없으면 그 영화는 크게 빛을 보지 못한다. 반면에 주연배우의 영향력이 약해도 조연배우들의 연기력과 존재감이 강하면 영화는 살아난다. 거기에 주연배우와 조연배우의 궁합이 잘 맞으면 금상첨화! 그 영화는 흥행에 상관없이 관객들에게 좋은 영화로 기억된다. 결국 내 영화 속 주연으로서 내 삶을 더 빛나게 이끌어가기 위해서는 조연들의 마음을 얻고, 서로 관계를 잘 맺어야 한다.

크고 작은 행복들을 느낄 수는 이유

교회 선생님이 중학생이 된 하영이에게 수수께끼 하나를 냈다.

"하영아, 누구나 가질 수 있지만, 돈으로는 살 수 없으며, 여러 종류가 있고, 사람의 마음을 움직일 수 있고, 불가능한 일들을 가능하게 할 정도로 아주 강력한 힘을 가진 것이 무엇일까?"

하영이는 전혀 답이 떠오르지 않았다. 이 수수께끼의 정답은 바로 '사랑'이었다. 이 이야기를 듣고 하영이는 자신의 어린 시절 추억들이 영화 속 필름처럼 머릿속을 스쳐 지나갔다.

어릴 적 아빠의 빨간 자동차를 타고 가족들과 이야기를 나누며 이곳저곳 여행을 다녔던 일, 남동생과 사소한 것으로 다투다가도 사과 문자 한 통이면 언제 그랬냐는 듯이 화를 풀고 다시 동생과 재미있게 놀았던 일, 초등학교 4학년 때 학교 오케스트라에 들어가서 대회에서 우승을 한 일, 친구들과 함께 감자탕을 먹으며 재미있게 놀았던 일 등이 하영이에게는 아직도 참 생생한 추억이다.

문득 하영이는 자신이 자라온 모든 과정에서 크고 작은 행복을 맛볼 수 있었던 이유가 많은 사람의 사랑 덕분이었다는 것을 깨달았다. 사춘기라 감수성이 풍부해서 그랬을까. 하영이는 자신이 지금 여기 서 있을 수 있는 이유가 그 소중한 사람들이라고 생각하니 왈칵 눈물이 나올 것 같았다. 그날은 집으로 돌아가자마자 평소에 잘 쓰지도 않던 일기장을 펼쳤다. 그리고 망설임 없이 적어 내려갔다.

'내가 사랑을 받은 것처럼 나도 다른 이들에게 사랑을 베푸는 사람이 되겠다.'

처음으로 하영이가 스스로 원하는 꿈이 생긴 순간이다.

그 꿈을 이루기 위해 하영이는 중학교 3학년 때 반장 선거에 나갔다. 고맙게도 친구들에게 마음이 전달되었는지 하영이는 반장이 되었다. 반장이 된 직후 하영이는 자신이 반 친구들에게 많은 도움을 줄 수 있을 것이라는 기대감에 차 있었다. 그런데 막상 반장으로서 한 달 정도 지내고 보니 의욕만 넘칠 뿐, 자신이 반 친구들에게 별 도움이 되지 않고 있음을 느꼈다.

'누군가에게 사랑을 베푸는 것이 그냥 마음만 먹는다고 되는 것이 아니구나.'

하영이는 구체적으로 친구들에게 사랑을 베풀기 위한 계획을 세우기로 했다. 이왕이면 내가 가장 잘할 수 있는 것, 많은 아이들에게 꼭 필요한 것이면 참 좋겠다는 생각이 들었다. 고민 끝에 하영이는 고등학교 입시를 코앞에 둔 학생들에게 학습 도우미가 되어주기로 결정했다. 물론 많은 준비가 필요했다. 친구들에게 믿을 만한 정보를 주기 위해 인터넷에 올라와 있는 각 과목의 학습법과 학습 계획 세우는 법 등을 찾아 분석하고, 친구들에게 수업 내용에 대한 질문을 받기 위해 수업 시간에는 누구보다 집중해야 했다.

하영이는 시험 기간이 오기 전에 미리 공부를 끝내놓고, 예체능 같은 암기 과목들은 미리 내용을 정리하여 학습지를 만들었다. 그리고 준비가 끝난 뒤 카카오톡을 통해 언제든지 친구들이 질문을 할 수 있도록 했다. 이해하기 쉽도록 문제 풀이 동영상이나 사진 등을 찍어 보내주기도 했다. 친구들에게 고맙다는 메시지를 받을 때 하영이는 가장 행복했다. 자기 덕분에 공부를 다시 열심히 하게 되었다는 이야기를 들을 때에는 평범한 학생인 자신이 누군가에게 도움이 될 수 있다는 것에 행복했다. 물론 하영이 또한 고등학교 입시를 코앞에 두고 있었기 때문에 부모님에게 혼나기도 하고, 선생님은 "네 학업에 우선 열중하는 것이 어떻겠니?"라고 권유하기도 했다. 하지만 이 일이 정말 좋았기에 그만두고 싶지 않았다. 그렇게 해서 하영이에게는 '교사'라는 구체적인 꿈이 생겼다.

고등학교에 가서는 학교에서 주최하는 또래 멘토링 활동에 참여했다. 두 개의 교육 봉사 동아리에 들어가 평일에는 중학생들을, 주말에는 다문화 가정의 어린이들을 대상으로 하는 배움 활동에 멘토로 참여하면서 계속해서 꿈을 이루기 위해 노력했다. 이런 활동을 하면서 '국어 교사'로 꿈을 더욱 구체화시켰다.

그런데 고등학교 2학년이 되자 자신의 꿈에 대한 주변의 생각지 못한 반응들이 부쩍 귀에 들리기 시작했다.

"넌 시골에서만 자라서 다양한 직업에 대해 잘 모를 거야. 교사도 멋진 직업이지만, 그보다 보수도 더 낫고 멋진 직업들도 많아."

"요즘은 애들이 드세서 교사 생활하기 힘들 텐데."

"임용고시에 합격하기 엄청 어려운 건 알고 있지? 갈수록 저출산 시대라서 교사들도 많이 안 뽑을 텐데."

"네가 교사 할 때면 4차 산업혁명 시대 아니니? 학교도 없어진다는데 교사는 위험한 직업 아니니?"

자꾸만 그런 조언들을 듣자 '현실적으로 내 꿈은 이룰 수 없는 꿈인가?' 하는 의심이 들면서 마음이 혼란스러워지기 시작했다.

속상한 마음에 하영이는 친구들에게 "너는 꿈이 뭐야?" 하고 물어보았다. 한 친구는 사람들로 하여금 세상을 보는 바른 눈을 길러주는 기획력 있는 시사 PD, 한 친구는 어린아이의 눈높이에서 진료하는 소아과 의사, 또 한 친구는 사회적 약자들이 동등하게 행복하게 살 수 있는 사회적 기업의 CEO가 되는 것이 꿈이라고 말했다.

꿈을 정한 이후로 단 한 번도 자신의 꿈에 대해 의심해본 적이 없었는데, 친구들의 이야기를 듣다 보니 다른 친구들의 꿈이 현실적으로 더 크고 멋진 것 같은 기분이 들었다. 괜히 의기소침해진 하영이는 자신의 꿈을 점검해보기로 했다. 꿈을 점검하는 과정은 복잡하지 않았다. 매주 활동하고 있는 중학생 멘토링과 다문화 가정의 어린아이들과 함께하는 놀이 활동을 하면서 자신이 느끼는 감정을 잘 생각해보는 것이었다. 역시나 수업을 준비하면서 '이 부분에서는 학생들에게 어떤 개그를 칠까', '이 내용을 전달하려면 어떤 자료가 필요할까' 등을 고민하는 과정이 하영이에게는 너무 즐거웠다. 그리고 활동 장소에 가서 학생들의 얼굴을 봤을 때 다시 한 번 자신의 꿈에 대해 확신을 갖게 되었다. 하영이는 꿈을 정하는 데 있어서 다른 사람의 이야기에 휘둘렸던 것이 얼마나 바보 같은 일이었는지 알게 되었다.

'그래, 다른 친구들의 꿈과 비교할 필요 없어. 내가 좋아하고 즐거운 일이라면 충분히 가치가 있는 꿈이야.'

하영이는 다른 사람에게 사랑으로서 도움을 줄 수 있는 이 일이 얼마나 가치 있는 일인지 제대로 인지하기 시작했다. 이제 하영이는 누군가에게 사랑을 베풀며 혼자가 아니라 함께 만들어가는 아름다운 세상을 꿈꾼다.

사랑은 만들어 가는 것

대학생 때 우연히 〈아름다운 세상을 위하여〉라는 영화를 보았다. 벌써 개봉한 지 15년도 더 된 오래된 영화이지만 그 여운과 감동은 내 가슴속에 아직도 남아 있다.

미국의 어느 작은 도시에서 중학교 사회 교사가 새 학기를 맞이하여 학생들에게 "우리가 사는 세상을 좀 더 나은 환경으로 바꿀 수 있는 방법을 구상해오라"고 과제를 낸다. 이에 트레버는 고심 끝에 '도움 주기'라는 아이디어를 과제로 제출한다. 도움 주기는 한 사람이 세 사람에게 도움을 줄 수 있는 '사랑'을 베풀고, 그 세 명은 다시 또 다른 세 명에게 도움을 주며 사랑을 전해주는 방식이다. 그럼 기하급수적으로 많은 사람이 '사랑 실천 운동'에 함께 동참하면서 사회는 '행복하고 아름다운 세상'이 될 것이라는 트레버의 착한 아이디어였다. 트레버라는 아이로 인해 세상을 아름답게 하는 사랑과 믿음 같은 가치들이 주위 사람 한 명 한 명에게 퍼져나간다는 내용이 참 마을을 따뜻하게 만드는 영화다.

누군가에게 사랑을 받고서 그 사랑을 다른 누군가에게 베풀 줄 아는 사람이 많으면 얼마나 좋을까? 그런 모습들이 선순환이 된다면 영화 속 트레버가 꿈꾸는 행복하고 아름다운 세상이 진짜로 오리라고 기대해본다. 그저 영화 속에서만 가능한 세상이 아니다. 나 혼자만 잘하려고 하기보다 사회적 관계 속에서 다른 사람과 함께 행복하게 성장하기 위해 서로 돕고 격려하며 이끌어주는 사람이 많다면 충분히 가능한 일이다.

영화 속 트레버가 만든 세상은 트레버 한 사람으로부터 시작되었다. 또한 아름다운 세상은 트레버 옆의 한 사람 한 사람에 의해 만들어졌다. 우리가 원하는 아름다운 세상, 그 시작은 바로 '나'다. 내가 베푼 사랑의 작은 시작이 우리가 사는 세상을 아름답게 해줄 것이라고 믿어보자. 그 중심에 내가 있음을 기억하자.

Self Action Plan. 세 명의 사람에게 베풀 수 있는 선행

나도 트레버가 한번 되어볼까요?

세 명의 사람에게 작은 도움을 주며 사랑을 베풀어보세요.

여러분도 아름다운 세상을 만드는 주인공이 될 수 있어요.

친구일까,
경쟁자일까

•　학기 초가 되면 어김없이 청소년 임원 리더십 강의 요청이 많이 들어온다. 학급에서 선출된 각 반의 임원들을 대상으로 리더십 역량을 강화시킬 수 있는 내용의 강의를 주로 요청해오는데, 이때 내가 중요하게 생각하는 내용 중 하나는 바로 '소통'이다.

사회가 워낙 경쟁을 부추기는 구조이다 보니 남이야 불행하든 말든, 나의 이익만 챙기면 된다는 생각이 당연한 것처럼 받아들여지고 있다. 성적으로 등급이 매겨지는 입시 교육 체제이다 보니 친구가 시험을 잘 보면 겉으로는 축하하지만 속으로는 실망하고, 반대로 친구의 성적이 떨어지면 겉으로는 위로를 하지만 속으로는 기뻐하기도 한다. 자기도 모르게 친구를 이겨야 할 경쟁자로 여기게 되는 것이다.

세상은 혼자 살아갈 수 없다. 수많은 사람과 경쟁도 하고, 협력도 하면서 살아가야 한다. 무엇을 하든 혼자서 하는 것보다 협력해서 할 때 더 좋은 결과가 나타난다. 지나치게 경쟁에만 치중하다 보면 혼자 하는 일은 잘해도 함께하는 일에서는 어려움을 겪고 문제를 일으킬 수 있다.

중국의 사상가 공자의 중심 사상은 '인(仁)'이다. 그는 인을 최고의 선이자 인간의 본질로 보았다. 인(仁)은 사람(人)과 둘(二)을 합한 글자로, 사람이 하나가 아니고 둘이라는 뜻이다. 공자는 인을 "사람이 사람을 사랑하는 것"이라고 말했다. 세상은 빠르게 변화하고 있다. 어떻게 변할지 예측할 수 없는 미래를 살아가기 위해서 우리는 공자의 가르침처럼 다른 사람들을 사랑하고 그들의 마음을 읽을 수 있어야 한다. 나 혼자 잘하기 위해 아등바등하는 것보다 내 주변에 좋은 친구, 좋은 사람을 만드는 일이 훨씬 더 중요하고 내 삶을 풍요롭게 만든다. 가장 좋은 방법은 내가 먼저 누군가에게 좋은 친구, 좋은 사람이 되어주는 것이다. 어쩌면 진정한 셀프 리더는 좋은 친구가 되어주는 능력을 갖춘 사람이 아닐까.

남을 위하는 마음

대훈이는 어릴 때부터 '남을 위하는 마음'이 옳고 바른 것이라고 생각했다. 그리고 이는 대훈이 인생의 신념이자 철학이 되었다. 이러한 생각을 가지게 된 것은 어린 시절 입원 생활을 하면서부터였다.

아무도 없는 조용한 병실에서 백색의 환자복을 입고 혼자 침대에 누워서 멍하니 시간을 보내다 보니 대훈이는 사람들과 만나 대화하고 싶었지만 유치원조차 다닌 적이 없어 사람을 대하는 것이 두려웠다. 퇴원을 하고 초등학교에 입학했을 때도 대훈이는 그저 조용하게 반 친구들을 관찰하며 지냈다.

그러다가 초등학교 5학년 무렵, 대훈이는 다른 친구들보다 유독 눈에 띄는 아이를 발견했다. 그 친구는 자신과 달리 성격이 밝고, 친구들과도 교류가 많고 항상 빛이 났다. 어려워 보이는 친구가 있으면 언제나 선뜻 도와주는 착한 아이였다. 비록 동급생이지만 존경스러웠고 친해지고 싶었다. 하지만 그 친구는 초등학교 6학년이 되자 전학을 갔다.

대훈이는 그 친구가 했던 행동을 본받아 그의 빈자리를 채우기 위해 노력했다. 당번이 아님에도 불구하고 매일 반에 남아 청소를 하고 보건실 청소까지 했다. 아침 일찍 학교에 가서 선생님의 주전자에 물을 받아놓고, 환기도 시키고, 화초에 물까지 주고, 복도에 지나는 선생님들께 무조건 인사를 하고, 도움이 필요한 친구가 보이면 선뜻 도와주며 대훈이는 자기 자신을 변화시켰다. 남을 위하는 그 친구의 마음이 세상 그 무엇보다 아름답고 빛났기에 본받고 싶었다. 초등학교 6학년이 끝나갈 무렵에는 선생님들 모두가 대훈이를 칭찬해주었고, 졸업할 때 장학금까지 받으며 초등학교 생활을 잘 마무리할 수 있었다.

중학교 때에도 남을 위하는 마음을 이어나가면서 친구들과 대화를 많이 하게 되었고, 사교성도 좋아졌다. 학교에서 '또래 상담자'라는 역할을 도맡아 하면서 친구들에게 상담을 해주기도 했다. 그러다 보니 사람에 대한 두려움은 점점 줄어들고, 사람에 대한 관심은 높아졌다. 하지만 경쟁을 부추기는 교육 앞에서는 대훈이의 가치관은 많이 흔들렸다. 주변 사람들한테서 "요즘 사회에 착하면 호구야", "너무 착하면 너만 손해야"라는 말도 종종 들었다. 이런 조언 아닌 조언을 듣고 대훈이는 자신이 가고 있는 길에 회의감이 들었다.

'내가 옳은 길을 가고 있는 걸까? 남을 위하는 게 잘못된 걸까?'

이때부터 남들의 시선을 느끼게 되었고, 괜히 신경이 쓰였다. '남들이 무시하면 어쩌지?', '내가 이런 행동을 하면 싫어할까?', '괜한 일을 하는 건 아닐까?' 등 많은 생각이 들었다. 그러다 보니 남을 위하는 행동을 자제하게 되었고, 타인보다는 자기 자신에게 더 신경쓰고 자기 계발을 하게 되었다. 그렇게 대훈이는 경쟁 교육 사회에 순응하고, 이타심을 많이 줄여갔다. 화가 나고 분했지만 그 물결을 저항할 수는 없었다.

그래도 대훈이는 그 속에서 자신이 믿는 것을 관철하고 싶었다. 남을 위하는 행동을 좀 더 하고 싶었다. 중학교 3학년 때 다리가 불편해 항상 휠체어를 타고 다니는 친구를 만났다. 그 친구를 도와주는 도우미 친구가 두 명 있었는데, 그중 한 명에게 사정이 생겨 대신할 친구를 구하고 있었다. 대훈이는 선뜻 신청했다. 봉사 시간, 생활기록부, 그런 것과 상관없이 그냥 순수한 마음이었다. 남을 위하는 일이었기 때문이다.

대훈이는 1년 동안 휠체어를 탄 친구를 도와주었다. 이동 수업을 할 때나, 사물함에서 물건을 꺼내 와야 할 때나, 밥을 먹으러 갈 때

나, 집으로 가야 할 때나 그 친구를 도와줬다. 그 친구와 함께하는 시간도 소중하게 느껴졌다. 그리고 자신이 믿는 '남을 위하는 마음'이 가치 있다는 것을 새삼 느꼈다. 그러면서 꾸준히 또래 상담 동아리, 기타 동아리, 과학 탐구 동아리, 자기 주도 학습 동아리 등 많은 동아리에서 다양한 경험을 쌓았다. 동아리 활동을 통해 자기 계발도 할 수 있었고, 많은 친구를 만나면서 소통할 수 있었다.

대훈이의 선한 마음은 점점 퍼져 전교에 있는 모든 선생님들이 대훈이를 다 알아봐주었고, 이후 전교생 대표로 나가 생각지 못한 선행상을 받으며 졸업하게 되었다.

하지만 고등학교에 들어가자 진짜 경쟁 교육 사회가 무엇인지 알 수 있었다. 고기 등급 나누듯이 학생들의 등급을 나누는 상대평가, 타 학교 학생들과 비교하면서 부추기는 경쟁, 학생 간 차별 대우를 하는 선생님들의 모습 등 정말 경쟁 사회로 나가기 전에 연습하는 경쟁 교육 사회가 펼쳐졌다. 그 거센 물결 속에서도 더불어 살아가기 위해 남을 위하는 마음을 유지하며 '나'로서 어떻게 헤엄쳐야 할 것인지 끊임없이 고민하는 대훈이야말로 이 시대를 이끌어가는 진정한 리더가 아닐까?

멀리 가려면 함께 가라

"우와, 엄마! 하늘 좀 보세요. 새들이 신기하게 날아가요!"

둘째 딸 채원이가 놀이터에서 놀다 갑자기 하늘을 향해 손을 가

리켰다. 하늘을 보니 기러기 떼가 무리를 지어 V자 대형으로 날아가고 있었다. 채원이는 그 모습이 신기한지 기러기 떼가 보이지 않을 때까지 한참을 서서 구경했다.

"채원아, 기러기 떼가 왜 V자를 유지하며 날아가는지 알아? 함께 멀리 날아가기 위해서래."

아직 어린 딸에게 차근차근 이유를 설명해주었다.

"맨 앞의 기러기가 날갯짓을 하면 공기의 저항이 생겨서 뒤에 따라오는 기러기들이 훨씬 덜 힘들게 날아갈 수 있단다."

가만히 듣고 있던 딸이 걱정스러운 표정으로 나에게 또 물었다.

"엄마, 그럼 앞에 있는 기러기만 너무 힘들잖아요? 날아가다 아프면 어떡해요?"

"걱정하지 않아도 돼. 힘들면 뒤에 있는 기러기와 언제든지 자리를 바꿀 수 있단다. 기러기는 서로 돕고 배려하면서 함께 날아가기에 멀리 날아갈 수 있거든."

기러기 떼는 선두 기러기가 지치면 뒤로 물러나고 뒤에 있던 기러기가 앞으로 나서서 그 자리를 대신한다. 그리고 모든 기러기들은 울음소리를 통해 서로를 격려하고 응원한다. 이런 방법을 통해 기러기 떼는 먼 거리를 오랫동안 날아갈 수 있는 것이다. 이렇게 기러기들은 돌아가면서 리더의 역할을 수행한다. 누가 먼저 앞장서려고 싸우는 법도 없고, 맨 뒤에 선다고 해서 열등감을 느끼는 일도, 그럴 필요도 없다. 자신은 좀 힘들더라도 다른 기러기들이 편히 날아갈 수 있도록 배려해주는 기러기의 지혜는 혼자 빨리 가고, 무조건 이기려고 서로 경쟁하는 대한민국의 현실과 대조적이다.

아프리카 속담에 "빨리 가려면 혼자 가고, 멀리 가려면 함께 가라"는 말이 있다. 괴수들이 우글거리는 정글과 사막에서 살아남으려면 등 뒤를 지켜줄 친구가 필요하다는 뜻에서 나온 말이다. 예측하기 어려운 불확실한 미래에 대비하기 위해 필요한 것은 높은 성적이나 화려한 스펙이 아니다. 변화의 흐름에 잘 대응하며, 그 속에서 살아가는 사람들의 마음을 잘 헤아려 그 시대에 필요한 것을 만들어내는 능력이 필요하다. 다른 사람과 어울릴 줄 모르고 경쟁에서 이기려고만 하는 사람은 세상의 변화를 따라잡을 수 없다.

미국의 100대 기업 CEO들에게 성공 비결을 물은 결과, 거의 대부분 '따뜻한 마음'을 꼽았다고 한다. 혼자 경쟁 속에서 살아남으려고 자기 이익만 챙기는 것이 아니라 남을 위하는 따뜻한 마음으로 함께 성장할 때 더 멀리 오래 갈 수 있다. 자신이 소중한 것처럼 다른 사람도 소중한 존재라는 사실을 잊지 말자.

Self Action Plan. 나는 어떤 친구이고 싶나요?

내가 좋아하는 친구를 떠올려보고,
그 친구가 좋은 이유를 생각해보세요.
그럼 나는 그 친구들에게 어떤 친구인가요?
내가 먼저 좋은 친구가 되어준다면
여러분도 누군가에게 좋은 친구로 기억될 거예요.

나 혼자
공부는
이제 그만!

•   세계의 미래학자들은 "주입식 교육에서 벗어나 21세기의 필수 능력인 4C, 즉 소통(Communication), 창의력(Creativity), 비판적 사고력(Critical Thinking), 협업(Collaboration)을 길러주는 교육을 해야 한다"고 입을 모아 말한다. 미래학자 박영숙 유엔미래포럼 대표는 특히 '협업' 능력을 강조한다.

"미래 사회에서는 무엇보다 '협업' 능력이 중요해요. 지금 여러 회사에서 천문학적 금액을 지원받아 우주·해양탐사 등에 나서는 엑스프라이즈(X Prize) 재단만 봐도 로봇공학자, 물리학자, 식물학자, 토양학자 등 수많은 사람이 협력해 연구를 이끌거든요. 앞으로 인류의 삶을 좌우할 문제들은 한 개인이나 국가가 해결할 수 없는 것이 대부분이에요. 그래서 지금 아이들에게는 옆 친구를 경쟁자로 여기는 '입시 중심의 교육'을 시킬 게 아니라 옆 친구와 협업할 수 있는 능력을 가르치는 게 더 중요합니다. 앞으로의 시험은 어떤 정보를 이용해 무엇을 만들 것인가를 친구들과 협의하고 실제로 제작하는 프로젝트 형태로 대체될 것입니다."

협업이란 '모두 일하는 것' 혹은 '협력하는 것'을 의미하며, 공동 작업을 뜻한다. 한마디로 다른 사람들과 힘을 모아서 어떤 일을 해내는 능력이다. 협업하는 인재를 육성하기 위한 교육은 어떤 모습일까? 그 답으로 떠오른 것이 바로 '프로젝트 기반 학습(Project Based Learning; PBL)'이다. 프로젝트 기반 학습은 일방적으로 가르침을 받는 것이 아니라 스스로 문제를 해결해나가는 과정을 통해 배워나가는 것이다. 미래 사회에서는 단순히 지식을 암기해서 정답을 맞히는 능력이 아니라 서로 간의 상호작용을 통해 스스로 문제를 해결하는 역량을 필요로 한다.

이미 프로젝트 기반 학습으로 세계에서 가장 주목받는 대학이 있다. KBS 미래기획 2030 《4차 혁명시대의 교육》이란 다큐에서 이제껏 본 적 없는 새로운 대학, 미국 샌프란시스코에 있는 '미네르바 스쿨'에 관해 소개한 적이 있다. 미네르바 스쿨은 강의실도, 도서관도 없다. 미네르바 스쿨은 4년 동안 일곱 개 나라를 돌며 공부하는데, 그중 한 나라가 한국이다.

그렇다면 수업은 어떻게 진행될까? 방문 국가의 유명 대학과 기업에서 인턴십을 하거나 팀 프로젝트를 진행하며 문제 해결력을 키운다. 인터넷이 연결되는 곳에서 노트북을 열면 그 자리가 곧 강의실이다. 인터넷 수업이라고 해서 녹화된 강의를 듣기만 한다고 생각하면 오산이다. 모든 수업은 실시간으로 하며, 교수님이 준비한 주제에 대해 찬성과 반대 의견을 표시해 의견을 나타내고, 그 근거를 조리 있게 설명해야 한다. 오히려 일반 수업보다 더 빡세다. 더 열심히 준비하고 참여해야만 더 많은 걸 배울 수 있기 때문에 학생들의 적극적인 참여가 가장 중요하다. 대한민국도 이제는 미네르바 스쿨처럼 학생 스스로 문제를 찾고 해결하는 역량을 키울 수 있도록 '프로젝트 기반 학습(PBL)'에 집중해야 할 때가 아닐까.

혼자가 아닌 함께할 때 느끼는 성취감

하연이는 어렸을 때부터 책만 읽던 아이였다. 특히 중학교에 입학하고 사춘기가 찾아오면서 친구들과 어울리기보다는 세상과 단절한 듯이 책벌레처럼 오로지 책만 읽었다. 중2병이 끝나갈 무렵, 우연히 학교 계단 옆 복도에 있던 포스터에서 삼성 이노베이션 뮤지엄에서 개최하는 5월 창의 강좌 홍보 내용을 보게 되었다. 갑자기 가슴이 두근거렸다.

'아, 이거 한번 해보고 싶다.'

하연이는 자신에게 주어진 기회라는 생각에 당장 강좌에 참석했다. 그곳에서 외국인 학교에 다니는 동생 두 명과 함께 간 친구와 그룹을 짜서 활동하게 되었다. 하연이는 매주 토요일, 네 번의 수업 동안 책으로 느낄 수 없었던 재미를 알게 되었다. 책은 아무래도 지식을 수용하고, 비판적 시각으로 다시 한 번 생각해보고, 소설 속 인물에게 공감하면서 소설 속 사건들을 통해 비슷한 상황을 직면했을 때 어떤 선택을 할 것인가에 대해 고민하는 계기가 되었다면, 창의 수업에서는 문제 상황을 만났을 때 자신이 가지고 있는 지식들을 어떻게 활용해서 도울 수 있을지에 대한 고민을 할 수 있었다. 하연이는 특히 어렵고 복잡해 보이는 문제 상황을 심플하면서도 톡톡 튀는 아이디어로 해결할 때 가장 쾌감을 느꼈다.

사실 수업에서뿐만 아니라 평소에도 하연이의 아이디어는 "이게 진짜 가능하다고?", "이건 미쳤어. 누구도 이 아이디어를 뽑지 않을 거야", "완전 이상해"라는 식의 이야기를 자주 들을 정도로 엉뚱하기도 하고 창의적인 편이었다. 게다가 두 명의 팀원이 외국인 학교에 다니는 친구들이라 그런지 미국의 자유분방한 사고방식을 가지고 있었던 터라 서로 잘 통해 같이 대화하는 시간이 늘 즐거웠다. 15년 동안 하루 종일 책만 보며 단순하게 생활했던 하연이는 친구들과 함께하는 팀 프로젝트 활동에서 점점 활기를 되찾기 시작했다.

팀원들과 열심히 활동하는 모습을 기특하게 보신 강좌 담당 선생님의 권유로 하연이네 팀은 전국 〈무한상상 아이디어 대회〉에도 나가게 되었다. 하연이와 친구들은 서로 머리를 맞대고 문제를 해결해 가며 협력한 끝에 장려상이라는 좋은 성과를 냈다. 부족한 실력이라고 생각했는데 좋은 결과가 나자 하연이는 정말 기뻤다. 그런 경험들이 이제는 일상 속에서도 습관이 되어 집으로 가는 지하철에서도 '어떻게 하면 지하철을 새롭게 디자인할 수 있을까'에 대해 친구와 토론을 할 정도가 되었다.

현재 하연이는 정신 전문 간호사로서 정신 건강 분야에 대한 정책 연구를 꿈꾼다. 가까이에서 보면 미세해 보일 수도 있지만, 지금 현재 자신의 행동 하나하나가 만들어낼 나비효과를 기대하며 하연이는 오늘도 자신의 삶을 힘차게 걸어간다.

자기조직 학습 환경의 비밀

얼마 전 EBS 지식채널e에서 흥미로운 영상을 봤다. 주입식 교육의 대안으로 자기조직 학습 환경의 중요성에 대해 강조하는 한 교수의 실험이 참 신선하고 인상 깊었다.

뉴델리의 한 대학에서 컴퓨터 프로그램을 가르치며 앞으로의 교육을 걱정하던 한 교수가 말도 안 되는 실험을 했다. 인터넷이 뭔지도 모르고, 영어도 할 줄 모르는 빈민가의 아이들을 대상으로 한 실험으로, 벽에 구멍을 뚫어 컴퓨터를 설치하고 아이들을 관찰하기 시작했다. 이때 누구도 가르쳐준 적 없는데 아이들이 스스로 영어와 컴퓨터 사용법을 스스로 깨우치고, 동생에게까지 가르쳐주는 모습이 포착되었다. 인도 전역에서 계속된 이 실험의 결론은 아이들의 무리 속에 컴퓨터를 두면 9개월 안에 사무실 비서와 같은 수준으로 컴퓨터를 쓸 수 있게 된다는 것이었다.

아이들이 스스로 학습하도록 도운 열쇠는 바로 호기심이었다. 실험을 통해 새로운 사실을 증명한 교수는 호기심만으로 학생들에게 동기를 부여하고, 스스로 문제를 해결하는 학습 방식을 '자기조직 학습 환경'이라고 말했다. 자기조직 학습 환경이란 스스로 선정한 문제를 친구들과 협조해가며 자율적으로 해결하는 학습 방식을 말한다. 이는 앞서 말한 프로젝트 기반 학습과 같은 맥락이다. 다른 사람들과 힘을 모아 서로의 문제에 대해 토론하면서 자율적으로 해결해나가는 활동을 통해 협업 능력을 키울 수 있고, 스스로 성장할 수 있다. 자기조직 학습 환경이나 프로젝트 기반 학습이 뭔가 거창해 보일 수도 있지만 여러분은 이미 이런 활동을 하고 있다.

예를 들어 친구들과 과제 수행을 위해 팀을 구성해 역할을 분담하고 과제를 해결하는 것도, 동아리에서 댄스 공연을 통해 자신의 끼를 맘껏 뽐내고 좀 더 시너지를 내기 위해서 혼자가 아닌 친구들과 함께 콜라보 공연을 하는 것도, 청소년 운영위원회나 기자단, 자원봉사단, 학생회 활동 등 청소년 자치기구 활동 역시 청소년들의 협업 능력을 키워주면서 스스로 문제를 해결해나가며 자신의 삶을 주체적으로 살아가도록 돕는 활동의 일종이라고 할 수 있다. 혼자만 잘하겠다고 경쟁만 강조하는 환경 속에서 오히려 함께 서로 도와가며 힘을 모아 자기 주도적으로 문제를 해결해나가는 협업 능력은 여러분을 더 빛나게 해줄 것이다.

Self Action Plan. 친구들과 프로젝트 활동하기

프로젝트 활동은 거창하지 않아도 돼요.
공통된 관심 분야의 친구들과 함께 관심사를 공유하고
힘을 모아서 어떤 일을 해내는 것만으로도
충분히 협업 능력을 키울 수 있답니다.

우리가
함께하면
세상도 바꿀
수 있어

• 　여러분은 시민으로서 사회와 정치 문제에 관심을 갖고 있는
가? 통계청이 공개한 '2018년 청소년 통계'를 보면 청소년 열 명 중
아홉 명이 사회와 정치 문제에 관심을 갖고 적극적으로 참여해야
한다고 생각하는 것으로 나타났다. 청소년은 민주주의 사회를 살고
있는 하나의 구성원이자 시민이다. 대한민국 헌법 제10조에도 "모든
국민은 인간으로서의 존엄과 가치를 가지며 행복을 추구할 권리를
가진다"라고 명시되어 있다.

여러분은 단순히 학생이라는 신분이기 이전에, 이 땅의 국민이자
시민으로서의 권리와 책임이 있다. 그럼 시민이란 어떤 사람을 말할
까? 시민은 '참여'하는 사람이다. 우리는 시민으로서 사회참여 활동
을 할 수 있고, 또한 참여해야 한다. '사회참여'라고 해서 무언가 대

단한 활동을 하는 것이 아니다. 그저 내가 살고 있는 지역사회의 작은 문제에 관심을 갖고 이를 해결하기 위해 작은 노력을 하다 보면 우리 사회는 더 살기 좋은 동네, 더 행복한 사회가 될 수 있다. 이것이 바로 '사회참여'다.

사회참여란 자신이 속한 사회에 관심을 갖고 구체적인 영향력을 발휘하여 공도의 발전을 추구하는 사회적인 행위를 말한다. 하지만 여전히 청소년의 사회참여나 정치참여를 부정적으로 바라보는 시선이 있다. 청소년기에는 공부나 할 것이지, 일찍부터 참여나 정치를 배울 필요가 있느냐고 말한다. 게다가 다가오는 새로운 시대의 주인이라고 하는 청소년은 정작 선거권조차 없다. 선거권은 공동체 의사결정에 참여할 수 있는 주권자의 핵심 권리다. 세계적으로도 OECD 34개국 가운데 선거 연령이 19세인 국가는 우리나라가 유일하다. 최근 세계적으로 선거 연령을 16세로 낮추고 있는 상황 속에 참으로 부끄럽고 안타까운 일이 아닐 수 없다. 이러한 편견을 깨기 위해서는 여러분 스스로 관점을 바꿔야 한다. "저는 아직 정치적 판단을 하기에는 아직 어린걸요. 저는 잘 몰라요"라고 무관심하기보다는 앞으로 미래를 이끌어갈 리더로서 사회에 관심을 갖고 나의 생각을 표현하는 과정을 경험해야 한다. 그래야 여러분이 성인이 되었을 때 올바른 시민의식을 갖고 사회구성원으로서 참여할 수 있다. 하루빨리 우리나라도 선거연령 18세로 하향 조정되어 청소년이 사회의 구성원으로 목소리를 내며 사회에 참여할 기회가 오기를 소망한다.

또 하나의 작은 사회 속 정치

현준이는 정치인이 되고 싶다. 또 철학자도 되고 싶다. 게다가 경제학자도 되고 싶다. 그러나 현준이의 꿈은 정치인도, 철학자도, 경제학자도 아니다. 현준이의 꿈은 '사람을 행복하게 하는 것'이다. 그 꿈을 향해 현준이는 시간을 쪼개 정치, 경제, 철학을 계속해서 배우고 있다. 여러 사회 문제에도 지속적으로 관심을 갖고 참여하고 있다. 그러던 중 학생자치회 선거에 1학년 부회장 후보로 출마하게 되었다. 학생자치회 선거는 자신의 꿈을 이루어나가기 위한 발판이자 미리 경험을 쌓을 수 있는 좋은 기회가 될 터였다.

사실 처음에는 객관적인 승산이 꽤 낮은 편이었다. 하지만 누구보다 열심히 했던 선거운동이 많은 학생에게 긍정적으로 다가간 덕분인지 73.4%라는 믿을 수 없는 득표율로 당선될 수 있었다. 현준이는 감사한 마음으로 정말 열심히 학생회 활동을 했다.

그런데 큰 열정을 가지고 시작했던 부회장으로서의 생활은 현준이에게 큰 시련을 가져다주었다. 학생자치회 부회장이라는 자리에 오르며 현준이가 가장 소망했던 것은 학생자치회에서 정말로 학생들을 대변하는 것이었다. 무시당하기 쉬운 학생 한 명 한 명의 목소리를 대변해주는 것이 학생자치회의 존재 가치이자 목적이라는 확신을 가지고 있었기에 여기에 모든 힘을 쏟았다.

현준이는 학생자치회에 대한 이상을 공유한 회장 형과 함께 학생들이 익명으로 학교에, 그리고 학생자치회에 건의할 수 있는 게시판을 만들었다. 그리고 그 건의사항만을 전담하는 학생인권팀도 신설

했다. 학생자치회장의 권한이었지만 단 한 번도 발동되지 않았던 학생생활인권규정의 개정 발의를 위해 교칙개정특별위원회도 출범시켰다. 학생들이 한데 모여 학교에 대한 문제의식을 공유하고 개선 방향을 논의할 수 있는 기회가 없다는 불만사항을 듣고는 학생 대토론회도 준비했다. 학생자치회나 학교가 결정을 내리는 과정에서 학생들의 진짜 의중이 제대로 전달되지 못한다는 불만사항을 듣고 학생투표제도 신설했다. 하지만 이렇게 열정적으로 준비한 모든 사업에 대한 학생들의 참여도는 기대 이하로 저조했다. 그러면서 자연스레 하나둘 유명무실해졌다.

건의 게시판에는 지금까지 단 세 건의 게시물만이 부착되었고, 학생인권팀은 해체되었다. 교칙에 불만을 가지고 있는 사람은 많지만, 정작 규정을 진지하게 고민하고 개정안을 만들어보겠다는 사람은 없었다. 학생들의 열렬한 요구와 반응이 컸던 대토론회는 정작 참가 희망자가 없어 취소되었다. 각 학급에서 진행하고 그 결과를 한데 모으는 방식으로 진행하기로 했던 학생투표제 역시 수많은 학급에서 투표조차 진행하지 않으며 사라져갔다. 현준이는 바쁜 학업 속에서도 시간을 쪼개며 그토록 열심히 준비했던 일들이 모두 그 의미를 상실해가는 것을 보면서 크나큰 회의감을 느꼈다.

'다들 원하고 요구하면서 왜 목소리를 내지는 않을까?'

현준이는 실망했지만 여기서 포기하고 싶지 않았다. 2학년이 되면서 항상 함께 움직이고 뒤에서 지탱해줬던 선배들이 실질적으로 은퇴를 하고 현준이가 온전히 짐을 짊어지게 되었다. 책임감과 부담감으로 혼란스러운 그 와중에 처음으로 예산 계획을 작성하게 되었다. 이전까지는 그때그때 학생자치회 담당 선생님께 결재를 받아 행사와 사업들을 진행했지만, 사용할 수 있는 예산에 너무 한계가 있었고, 독립적인 운영도 힘들었다. 그래서 이러한 문제를 해결하고자 시 교육청과 학교에 학생자치회의 독자적인 예산을 신청한 결과, 처음으로 예산 계획을 작성하게 되었다.

현준이도 처음 경험하는 일이라 아직은 미숙하고 충분히 준비되어 있지 않았다. 하지만 처음 하는 일이라고 스스로를 위로하기에는 현준이의 어깨에 짓누르는 책임감의 무게가 너무 컸다. 그저 다 포기해버리고 싶은 마음뿐이었다. 스스로에 대해 자책감이 들면서 하는 일들이 모두 최악의 방향으로만 가는 것이 억울했다. 진실을 알아주지 않는 사람들에 대한 원망과 모두가 자신을 비난하는 것만 같은 자격지심은 열정과 자신감이 가득하던 현준이를 점점 의기소침하게 만들었다.

'앞으로 정치인이 되면 이런 일이 훨씬 많을 텐데 고작 학교 학생회 일에 이렇게 힘들어 하다니, 내 꿈을 포기해야 하는 걸까?'

현준이는 '정치인'이라는 자신의 꿈이 싫어지고 무서워졌다.

그러던 어느 날 학교에 416합창단 분들이 찾아왔다. 416합창단은 세월호 참사로 인해 사랑하는 아이들을 바다에 묻어야만 했던 부모들과 몇몇 시민 분들이 모여 이룬 합창단이다. 새롭게 학기를 시작하는 고등학생들에게 안전한 사회를 만들자는 그분들의 말 한마디와 노래 한 소절이 현준이의 가슴속 깊이 박혔다. 눈이 건조해 평소에 잘 울지 못하는 현준이는 끝까지 기억하며 우리들을 위한 세상을 만들겠다고, 항상 함께하자고 하는 그분들의 말씀과 노래를 들으며 하염없이 울었다. 공연이 끝나고 나가는 합창단 분들 사이에서 한 아버님에게 안긴 현준이는 울음을 터뜨리며 말했다.

"너무 죄송합니다. 감사합니다. 꼭 기억하고 제 삶을 다해 세상을 바꾸도록 노력할게요."

붉어진 눈시울로 환히 웃으며 너무 고맙다고 다시 현준이를 안아주는 그분들 앞에서 현준이는 다시 자신의 꿈에 대한 의지를 되찾을 수 있었다. 그저 '정치인'을 꿈꾸는 것이 아니라 '사람을 행복하게 만드는 세상을 만들겠다'는 꿈에 대해 확신을 가질 수 있었다. 자신이 가고자 하는 길에 대한 확신이 생기자 현준이는 그제야 삶을 살아갈 의지가 생겼다. 그저 부담과 짐으로만 느껴졌던 부회장으로서의 일들도 꿈을 위한 값진 경험으로 다가오기 시작했다. 정적으로만 보였던 사람들도 함께 슬퍼하는 친구들로 다가오기 시작했다.

물론 현준이는 지금도 앞으로 자신에게 닥칠 어떤 위기나 시련을 어떻게 다시 이겨낼 수 있을지 알지 못한다. 하지만 넘어지더라도, 실패하더라도 다시 일어나서 끝까지 달려나갈 것을 다짐한다. 자신을 비롯해 모든 사람이 행복한 세상, 보다 더 나은 세상을 꿈꾸는 현준이는 이미 세상을 바꾸는 리더다.

참여하는 청소년이 세상을 바꾼다

인간은 혼자 살아갈 수 없다. 사회 속에서 사람들과 함께 나누고 공감하고 배려하면서 관계를 맺으며 살아가야 한다. 함께 살아가기 위해 가장 중요한 요소는 '소통'이다. 또한 소통을 위한 중요한 방법은 바로 '참여'다. 현준이처럼 정치에 관심을 갖고 자신의 의견을 표현하는 것, 친구들과 함께 이런저런 이슈에 대해 이야기해보는 것, 내가 살고 있는 지역사회 혹은 학교를 위한 가치 있는 일에 함께 목소리를 내는 것, 관심 있는 기사나 SNS의 글을 보며 공감하거나 지지하는 것 등 나를 둘러싸고 있는 작은 참여부터 관심을 갖자.

청소년 시기부터 나 자신이 내 인생의 주인으로서, 내가 살고 있는 이 시대의 주인으로서 참여해야 한다는 사실을 스스로 인지하고 실천하는 것이 중요하다. 내가 살고 있는 우리 동네, 내 주변의 일상 속에서 조금만 더 관심을 갖고 더 아름답고 행복한 세상을 만들기 위해 내가 할 수 있는 작은 사회참여를 시작해보는 것은 어떨까? 참여하는 청소년이 세상을 바꾸고, 그래야 우리 모두가 행복할 수 있는 세상이 열린다. 앞으로 다가올 미래를 이끌어갈 리더는 여러분임을 명심하자.

Self Action Plan. 내가 할 수 있는 작은 참여

나는 참여하는 시민인가요?
내가 지금 당장 할 수 있는 참여의 방법에는 무엇이 있을까요?
작은 것부터 실천하는 것이 중요하답니다.

내 삶에
참여한다는
것

• 　군산에는 청소년들이 즐겨 찾는 청소년 자치 공간 '달그락달
그락'이 있다.

오후 4시쯤 되면 중학생 몇 명이 카페 같은 공간에 들어와 소파
에 앉는다. 소파에 누워 게임을 하기도 하고, 안쪽에 있는 사무실을
기웃거리며 사진을 찍기도 한다. 책을 좀 보다가 사무실에서 나온
선생님들과 이야기를 하고 라면을 끓여서 같이 먹는다. 얼마 후에
있을 청소년포럼의 발표문을 노트북으로 정리하다가 다시 지역 어
른과의 인터뷰 영상 편집을 한다. 시험 기간이면 책을 펴고 공부를
한다. 기자단 활동을 하는 청소년들이 모여서 회의를 하고 취재도
하여 기사를 쓴다. 그 옆의 프리마켓을 운영하는 청소년 CEO 친구
들은 끈을 잘라 팔찌를 만들면서 친구들과 대화를 한다.

평일 '달그락달그락'의 일상이다. '달그락달그락'은 청소년들이 자유롭게 드나드는 곳으로, 청소년들에게만큼은 모든 것이 무료인 공간이다. 원래 달그락달그락은 작고 단단한 물건이 잇따라 부딪쳐 흔들리면서 맞닿는 소리를 말하는데 여기서는, 앞의 달그락은 청소년이 내는 소리이고, 뒤의 달그락은 청소년들의 부딪침에 의해 사회가 긍정적으로 변하는 소리를 의미한다. 한마디로 '달그락달그락'은 청소년들의 움직임에 의해 그들이 살기 좋은 세상을 만들어나가는 꿈이 있는 플랫폼이다.

청소년들이 알아서 제 발로 찾아오는 이곳 '달그락달그락'에서 그들은 과연 무엇을 원할까?

자치 활동으로 바꾸는 사회

청소년 자치 공간 '달그락달그락'에서는 ASPECT 청소년 기자단이 활동을 하고 있다. 'ASPECT'은 원래 '측면'이라는 뜻으로, '사회에 잘 비춰지지 않는 측면을 청소년의 시각으로 바라보고 보도하겠다'는 의미를 담고 있다. 벌써 4기를 맞이한 ASPECT 청소년 기자단은 군산 내에 존재하는 거의 모든 중·고등학교의 청소년들이 자발적으로 모여 활동하고 있다.

소현이는 2017년 2월에 친구의 추천으로 '달그락달그락'에서 기자단 활동을 시작했다. 평소에 해보지 못했던 활동을 하고, 새로운 사람들을 만나는 것에 한껏 들뜬 소현이는 기자단 활동을 시작함과 동시에 함께할 친구들을 모으기 시작했다. 그 친구들을 중심으로 동아리를 만들었는데 어쩌다 보니 교내 기자단 동아리의 기장이 되었다. 그렇게 한 달이 지난 후 소현이는 의도하지 않게 3기 ASPECT 청소년 기자단의 대표가 되었다. 소현이는 고민에 빠졌다.

'나는 아직 기자단에 대해 어느 것 하나 제대로 아는 것이 없는데 내가 감당할 수 있는 자리일까?'

기자단은 소현이가 생각했던 것 이상으로 큰 조직이었고, 기자단 대표라는 막중한 책임감에 겁이 나기도 했다. 하지만 자신을 믿고 대표로 뽑아준 청소년들에게 감사하는 마음이 더 컸기 때문에 앞만 보고 열심히 달렸다. 활동한 지 1년이 지나 한 해를 돌아보면서 소현이는 '기자단 활동을 정말 잘했구나'라며 보람을 느꼈다. 무엇보다 기자단 친구들과 함께 머리를 맞대고 기사를 쓰던 활동이 소현이에게는 큰 자산이 되었다.

한번은 '청소년 등·하교 카풀'을 주제로 기사를 썼던 적이 있다. 기자단 친구들과 함께 썼던 기사였다. 주제 선정만 약 2주의 시간이 걸릴 정도로 다른 기사들에 비해 정말 많은 시간과 노력을 들였다. 청소년 기자단이 쓰는 주제만큼은 청소년들이 공감할 수 있어야 한다고 생각했기 때문에 엄청난 고민 끝에 주제를 결정했다.

주제만 정하면 그다음 일은 쉽게 풀릴 줄 알았는데 아니었다. 카풀에 대해 문제점으로 삼을 만한 충분한 자료가 필요했다. 그에 따른 근거도 충분해야 했기에 자료조사에도 엄청난 시간이 소요되었다. 게다가 법률과 관련된 문제가 엮여 있어 평소엔 잘 찾아보지 않던 법도 뒤져봤다. 청소년들의 의견을 최대한 반영하기 위해 학교에 설문지도 돌리고, 엄청난 양의 답변도 하나하나 표로 옮기느라 손이 많이 갔다.

이렇게 고생해서 쓴 기사는 예상했던 대로 많은 청소년의 공감을 끌어냈고, 예상 밖으로 어른들도 많은 관심을 보여주었다. 청소년 등·하교 카풀의 문제점으로 제기했던 내용 중 '블랙박스 미설치'가 있었는데, 기사가 나간 이후로 차량에 없던 블랙박스가 설치되기도 했고, 전원이 꺼져 있던 블랙박스에도 불이 들어오기 시작했다.

기자단 친구들과 함께 쓴 기사로 인해 사회가 변하는 모습을 본 소현이는 기자단 활동에 더욱 흥미를 느끼게 되었다. '달그락달그락'에서 누가 시키지 않아도 자발적으로 친구들과 소통하며 함께하는 시간들이 결코 아깝지 않다는 것을, 친구들과 함께하기에 가능했다는 것을 새삼 깨닫게 되었다.

이제 소현이는 4기 ASPECT 청소년 기자단의 대표가 되었다. 아직 청소년이지만 자신들이 하는 활동이 사회가 바르게 돌아갈 수 있는 원동력이 된다고 소현이는 자신 있게 말할 수 있다. 이런 활동을 통해 친구들과 함께 성장할 수 있는 우리들만의 청소년 자치 공간이 소현이는 그저 감사하고 참 좋다.

자신의 삶에 참여한다는 것

《청소년 자치 이야기》의 저자이자 청소년 자치 공간 '달그락달그락'을 운영하는 청소년자치연구소 정건희 소장은 말한다.

"청소년도 입시를 목적으로 하는 '학생'이라는 입시 기계의 신분만이 아닌, 생명으로서의 가치를 가지고 자치하는 삶을 살아야 하는 존엄한 사람입니다. 저희는 이 사회에서 청소년들이 자신의 삶에 참여하는 사람으로 인정받기를 희망합니다."

그렇다. 청소년들은 자치하기를 원한다. 자치(自治)는 사전적인 의미로 '자기 자신을 스스로 다스리는 것'을 뜻한다. 한마디로 자기 인생을 이끄는 셀프 리더, 자기 삶의 주인이 되는 것을 말한다. 자기 삶의 주인이 된다는 것은 자기 삶에 참여하다는 것이다. '달그락달그락'에 찾아오는 친구들은 단순히 이곳을 놀이 공간으로만 생각하지 않고, 더 나아가 자기 삶에 참여할 수 있는 자치 공간으로 활용한다. 자기들이 원하는 활동을 프로그램이 아닌 자치기구라는 조직에 참여하는 과정에서 찾아가려고 한다. 그 속에서 타인과 관계를 맺으며 함께 살아가는 능력을 키운다. '달그락달그락'뿐만 아니라 지역사회의 많은 청소년 기관 및 단체에서도 다양한 청소년 자치기구 활동을 통해 자신의 삶에 능동적으로 참여하며 함께 소통하고 성장하는 청소년들이 많다. 내 삶에 참여한다는 것은 혼자만의 참여가 아니다. 나와 관계를 맺는 사람들과 함께 참여할 때 더 빛이 나고 더 시너지를 낼 수 있다.

경쟁구도의 사회 속에서 우리는 때때로 혼자서도 얼마든지 잘해낼 수 있다고 착각한다. 하지만 살아가면서 원하는 것을 얻으려면 결국 다른 사람들과 협력하며 일해야 한다. 아무리 능력이 뛰어나도 혼자서만 잘하려고 하는 사람보다 여러 사람이 협력할 때 성과가 더 클 수밖에 없다.

지금 여러분에게는 높은 성적을 받는 것보다 내가 관계를 맺는 좋은 친구, 좋은 사람, 좋은 동료를 만드는 일이 훨씬 더 중요하다. 이런 능력을 기르는 방법은 하나뿐이다. 내 삶에 참여하면서 나와 관계를 맺는 인간관계 속으로 들어가 함께 소통하며 더불어 살아가는 방법을 배우는 것이다.

청소년 헌장 중에 "청소년은 가정, 학교, 사회, 국가, 인류공동체의 성원으로서 자기와 다른 삶의 방식도 존중할 줄 알아야 한다"는 구절이 나온다. 자신의 삶에 참여하는 사람으로 인정받고 싶다면 나와 다른 타인의 삶을 존중하고 격려하며 긍정적인 방향으로 이끌어 주자. 세상에는 좋은 리더가 필요하다. 함께 소통하고 성장하는 과정 속에서 자신의 의사를 스스로 결정하고 책임지며 능동적으로 자신의 삶에 참여할 때 책임감 있는 좋은 리더로 성장할 수 있다. 그런 나로 인해 이 세상은 좀 더 아름답고 살기 좋은 세상이 될 수 있다. 내 삶에 참여하면서 누군가에게 긍정적인 영향력을 줄 수 있다는 것이 얼마나 멋진 일인가! 자신의 삶에 참여하자. 내 삶의 주인은 나니까!

Self Action Plan. 타인과 더불어 살아가는 연습

나와 다른 사람들과 함께 소통하며 살아가기 위해
나는 어떤 점을 변화시켜야 할까요?
사람들과 관계를 잘 맺기 위해서는 무엇보다
남의 말을 잘 들어주고 공감할 줄 알아야 합니다.

진정한
승자는
패배할 줄
아는 법

• 2016년, 리우 올림픽에서 한국 올림픽 사상 최초로 펜싱 종목 에페에서 금메달을 따는 새 역사가 써졌다. 그 주인공은 국가대표팀 막내인 박상영 선수다. 극적인 역전승으로 금메달을 획득하면서 펜싱에 대한 온 국민의 관심이 커졌다.

펜싱은 채점이 어려운 경기 중 하나라고 한다. 워낙 칼이 빨라서 찌른 사람조차도 제대로 찔렀는지 파악하기가 힘들다. 펜싱에서 상황을 정확히 알고 있는 단 한 사람은 바로 '칼에 맞은 사람'이다. 축구에서 득점을 하면 "골!"이라고 외치듯이, 펜싱에서는 득점을 하면 "투셰!"라고 외치는데, "투셰!"의 의미는 '찔렀다'가 아닌 '찔렸다'다. 다시 말해 펜싱의 채점 방법은 득점한 사람이 아니라 실점한 사람이 손을 들고 상대에게 점수를 주는 것. 이것이 펜싱의 법도다.

옛날의 펜싱은 무예였다. 무예의 목적은 누군가를 지킬 무공을 쌓는 것이다. 무공이란 어느 순간에 쌓일까? "투셰"라고 말할 때, 바로 나의 패배를 인정하는 순간 무공이 한 단계 더 올라간다.

멋있게 지는 법을 잊어버린 대한민국의 경쟁 사회 속에서 어릴 때부터 우리는 수단과 방법을 가리지 않고 이기려는 사고방식을 갖고 살아가기 쉽다. 잘못을 하거나 실수를 해도 먼저 사과하는 것을 자존심 상한다고 생각한다. 나 자신은 어떤지 돌아보자. 지금의 나보다 한 단계 앞으로 더 나아가고자 한다면 '멋있는 패배'의 미덕을 되찾아보는 건 어떨까? 혼자만 경쟁에서 이기고 잘하는 것이 아니라 때론 질 줄도 알고 함께 성장하며 걸어나갈 때 나 자신은 한 단계 더 성장할 수 있다. 내가 먼저 사과하거나 패배를 인정하는 것을 부끄러워하지 말고, 기꺼이 먼저 외쳐보자, "투셰!"

갈등을 해결하는 방법

시윤이는 내가 근무하는 청소년수련관의 VIP 고객이다. 시윤이가 초등학교 4학년 때 내가 진행하던 '꿈여울 리더십'에서 참가자로 처음 만났는데, 어느덧 고등학교 2학년이 되었다. 지금은 내가 담당하고 있는 청소년강연기획단으로 활동하며 나와 함께 성장하는 파트너가 되었다. 자신의 인생을 자기주도적으로 살아가며 잘 성장하고 있는 시윤이가 얼마나 대견하고 기특한지 모른다. 그런 시윤이에게도 고민이 있었다.

시윤이는 피아노에 특별한 소질이 있는 것은 아니지만 남 못지않게 좋아하면서 음악에 대해 열성적이었다. 그러던 어느 날 우연히 학교에서 '루바토'라고 하는, 피아노와 기타로 이루어진 어쿠스틱 음악 동아리의 기장을 맡게 되었다. 음악에서 '템포 루바토'는 곡 본연의 박자를 신경 쓰지 말고 연주자가 원하는 대로 거침없고 자유롭게 감정을 표현하라는 뜻으로 쓰인다. 다분히 낭만적인 이름과는 어울리지 않게 처음 동아리에 들었을 때만 해도 '연습 동아리'라는 오명을 쓰고 있었다. '루바토는 공연은 안 하고 연습만 한다'는 식의 웃어넘길 수만은 없는 오명 말이다.

루바토는 무슨 이유 때문인지 마지막 공연이 언제였는지조차 가물가물할 정도로 무대에 오르지 않았다. 이런 상황에서 기장으로 뽑힌 시윤이는 당연히 손발이 저리도록 초조했다. 틈만 나면 어떻게 해야 공연을 더 많이 할 수 있을까, 어떤 공연을 해야 더 많은 사람이 보러 올까, 도대체 뭘 해야 루바토가 군건한 입지를 다질 수 있을까, 고민하고 또 고민했다. 그러나 당시 학교에는 오케스트라, 밴드부, 보컬 동아리, 힙합 동아리 등 이미 실력 좋고 인기 많은 공연 동아리들이 수두룩했기 때문에 그들 사이에 끼어들 만한 틈을 찾는 것이 좀처럼 쉽지 않았다. 이런 상황에서 친구들까지 하나둘 동아리를 나가기 시작했다.

'어쩌지? 이러다 진짜 동아리가 해체되겠어.'

시윤이는 대안으로 공개 추가 모집을 실시했다. 실력 있는 친구들을 영입하고자 몇 날 며칠, 얼굴이 마주칠 때마다 설득하기도 했다. 하지만 급한 불부터 끄고 보자는 시윤이의 행동은 오히려 그 불을 집채만 한 크기로 키워냈다. 문제는 보컬 모집 공고를 냈다는 데 있었다. 공고를 낸 지 며칠 뒤, 보컬 동아리와 밴드 동아리의 친구, 선배들이 찾아와 시윤이의 잘못을 하나하나 지적하기 시작했다. "보컬을 뽑으면 콘셉트가 밴드부와 다를 것이 없다", "실력 있는 보컬 친구들을 다 데리고 가면 우리 동아리는 어떻게 하느냐" 등 생각지 못한 상황에 시윤이는 무척 당황스러웠다. 그렇게 며칠을 여기저기 불려다녔다. 갈등이 계속되자 피해버리고 싶었지만 아무리 생각해도 여기서 그냥 끝내버리면 자신한테 남는 건 아무것도 없는 것 같았다.

'나는 열심히 해보려고 한 건데 이게 뭐야, 욕만 먹고.'

억울하고 속상했다. 하지만 분명 이런 일 속에서도 무언가 배울 점이 하나쯤은 있을 거라며 스스로를 다독였다. 결국 격분하는 감정 뒤에 숨어 고요히 잠들어 있던 시윤이의 또 다른 자아를 깨어났다. 그리고 그 또 다른 자아는 이렇게 말했다.

'내 잘못은 하나도 없었을까? 내 행동이 무례했던 건 아닐까?'

썩 기분 좋은 과정은 아니었지만 되짚어가며 반성해보니 분명 자신에게도 잘못이 있었다. 시윤이는 잘못에 얽매여 자책하지 말고, 잘못한 일은 사과하고 이미 지나간 실수는 다시 저지르지 않도록 주의할 것을 반복해서 다짐했다. 그렇게 마음을 먹자 해결의 실마리가 보이기 시작했다. 갈등을 해결하기 위해 좀 더 열린 마음으로 대화를 해봐야겠다는 생각이 들었다.

시윤이가 다른 동아리의 입장에서 생각하고 자신의 잘못에 대해서는 기꺼이 사과하자, 친구들도 좀 심했다며 시윤이의 입장을 이해하고 사과해주었다. 또 어려움 속에서도 끝까지 곁을 지켜준 친구들과의 우정은 더욱 돈독해졌다. 시윤이는 갈등이 생겼을 때 격해진 감정을 앞세워 서로 자신의 입장만 주장하며 비난한다면 결코 해결할 수 없다는 것을 깨달았다. 자신이 잘못한 점은 인정하고 사과하고, 고마운 일은 진심으로 고맙다고 표현할 수 있는 시윤이야말로 진정한 위너다.

남들보다 앞서가는 이유

소규모 벤처회사에 불과했던 구글은 어떻게 대기업 오버추어와의 경쟁에서 승리했을까? 왜 샌안토니오 스퍼스에만 들어가면 실력이 형편없던 농구 선수들도 최고 승률을 올리는 걸까? 미국 해군의 엘리트 특수부대 네이비실 대원들이 상관의 별다른 지시 없이도 성공적으로 임무를 완수하는 비결은 무엇일까? 베스트셀러 작가이자 유명 저널리스트인 대니얼 코일은 그의 저서 《최고의 팀은 무엇이 다른가》에서 최고의 팀의 비밀을 말한다.

최고라는 사람들을 모아놓는다고 최고의 결과가 나오지는 않는다. 리더와 구성원이 제아무리 열심히 한들 최고가 되지도 않는다.

'부분의 합보다 위대해지는 팀의 비결은 도대체 뭘까?'

저자가 찾아다닌 팀들이 가진 공통점은 최고의 능력자들이 모였다는 것이 아니었다. 실제로 구성원 개개인의 능력은 제각각이었고, 뛰어난 개인의 퍼포먼스도 중요하게 작용하지 않았다.

"그들이 앞서가는 이유는 똑똑해서가 아니다. 더 영리하게 협동하기 때문이다."

이처럼 내 의견만 주장하기보다는 다른 사람의 입장에서 이해해야 할 때가 있다. 나와 다른 누군가와 살아가다보면 당연히 갈등도 생기기 마련인데, 이를 효과적으로 해결하기 위해서는 그 상황을 무조건 회피하기보다는 객관적으로 바라봐야 한다. 상대방의 입장에서도 생각하고 상대를 존중하며 나의 생각을 타당하게 설명하는 것도 좋은 방법이다. 무엇보다 갈등을 해결하기 위해서는 서로가 어느 정도 양보하며 타협해야 한다. 자신의 잘못을 인정하고 사과하는 것만큼 멋진 일도 없다. 좀 지면 어떻고, 손해 좀 보면 어떤가!

우리가 태어나서 이 세상을 살아간다는 것은 누군가를 앞지르거나 경쟁에서 이기기 위함이 아니다. 우리가 태어난 이유는 내가 함께 살아가고 있는 사람들과 서로 존중하고 협력하면서 함께 행복하게 살아가기 위함이다.

Self Action Plan. 현재 내가 겪고 있는 갈등 해결하기

최근에 친구 또는 부모님과 갈등이 생긴 적이 있나요?

그 이유는 무엇인가요?

그때 '내가 이렇게 했더라면' 하고

후회와 아쉬움이 남는 점이 있는지 생각해보세요.

누군가와 갈등이 생길 때 회피하기보다는 서로 대화를 통해

서로의 입장에서 생각해보는 노력이 필요하답니다.

꿈쌤: 현준아, 안녕! 그러고 보니 현준이를 처음 만난 게 작년 5월이네! 1년 사이에 현준이에게 어떤 변화가 있었는지 근황 토크 좀 해볼까?

현준: 그때는 국제고라는 왕관에 행복했었는데 지금은 학생회 일을 하면서 그 무게를 실감하고 있다고나 할까요…….

꿈쌤: 하하, 무게를 견디느라 고생이 많구나! 쌤은 아직도 기억해. "우리의 시대가 온다!"라고 멋지게 자신의 생각을 친구들에게 강연하는 현준이가 참 멋졌단다. 지금도 그 생각은 변함없는 거지?

현준: 우리의 시대는 온다는 단정적인, 결정론적인 외침에 대해서는 사실 조금 회의감이 들어요. 우리의 시대가 와야 하는 것은 맞지만, 가만히 기다리고만 있으면 오지 않을 테니까요. 그래서 요즘에는 어떻게 해야 우리의 시대가 오게 할 수 있을지, 어떻게 우리의 시대라는 기치 아래 사람들을 모을 수 있을지에 대해서 고민하고 있어요.

꿈쌤: 학생회 활동을 하면서 힘들 때도 많았을 거야. 그럼에도 불구하고 잘 극복하고 지혜롭게 헤쳐 나가는 모습이 보기 좋아. 학생회 활동을 통해 배운 점이 있다면 뭐가 있을까?

현준: 내 목표는 맞았더라도 내 방법은 틀렸을 수 있다는 것을, 그렇기에 내 의도와 무관하게 결과에 책임져야 한다는 것을 배웠어요. 정말 중요한 건 내가 얼마나 열심히 했느냐가 아니라 학생들이 얼마나 행복

하느냐였는데, 그걸 까맣게 잊어버렸던 것 같아요. 정말 힘들었지만, 정말 깊이 배울 수 있었습니다.

꿈쌤: 활동을 하면서 힘든 점이 많았지만 그만큼 현준이가 성장하는 데 큰 도움이 될 거야. 현준이처럼 청소년들이 사회나 정치에 관심을 갖고 참여하려면 어떤 작은 노력부터 해야 할까?

현준: 참여는 앎을 수반하고, 앎은 관심을 수반하죠. 결국 어떤 계기로든 어떤 형태로든, 정치와 사회에 관심을 가지는 게 중요한 것 같아요. 그 계기가 좀처럼 찾아오지 않을 게 문제지만요.

꿈쌤: 그렇구나, 현준이는 어떤 어른이 되고 싶어?

현준: 제 소원은 단 한 가지예요. '사람의 행복'이라는 목적을 위해 끊임없이 변화하는 사람이 되고 싶어요. 변화하지 않는다는 것은 불완전함에 안주하면서 더 많은 사람에게 계속해서 상처를 주겠다는 것과 다르지 않을 거라고 생각해요. 그래서 저는 늘 변화하고 도전하는 어른이 되고 싶습니다.

꿈쌤: 마지막으로 현준이가 또래 친구들이나 청소년들에게 해주고 싶은 한마디는?

현준: 여러분, 사람이 사람답게 살 수 있는 세상을 같이 만들어가요. 우리 모두 사람이니까요.

Special Thanks To.

서른일곱, 오늘의 나를 뜨겁게 응원하며

매일 아침 5시, 졸린 눈을 비비며 노트북을 열었다. 이 책을 완성하기
위해서는 모두가 잠든 사이, 출근 전에 글쓰기 시간을 확보하는 방법
밖에 없었다. 나는 두 아이를 키우는 워킹맘이니까. 첫 번째 책도 아닌
데, 일과 육아를 병행하면서 글을 쓴다는 것은 여전히 쉽지 않다. 회사
에 출근해서 정신없이 일을 하다보면 벌써 하루가 저문다. 퇴근해서 집
에 오면 다시 육아와 살림이 시작된다. 두 아이를 재운 늦은 밤, 그제야
나도 한숨 돌릴 수 있고 그와 동시에 녹초가 되어 쓰러져 잠이 든다. 그
렇게 매일 반복되는 일상 속에 글을 쓰기 위해 새벽마다 벌떡 일어나다
니! 힘들 법도 한데 참 신기하다. 오히려 그 시간들은 내 삶의 활력소가
되었다. 책 속에 담은 한 명 한 명의 이야기를 만날 때마다 새롭고, 가
슴이 벅차올랐다. 각자 자신의 위치에서 내 인생의 주인공으로서 자신
의 삶을 열심히 이끌어나가는 청소년들의 이야기를 잘 담아주고 싶은
책임감에 허투루 글을 쓸 수 없었다. 각 스토리별로 셀프 리더십과 어
울리는 키워드를 찾고, 평범하지만 세상에 단 하나밖에 없는 그 아이만
의 특별한 스토리로 빛날 수 있도록 수도 없이 고치고 또 고치며 글을
썼다. 그렇게 몇 개월간 매일 스스로를 다독이고 응원하며 나와의 외로
운 싸움을 했다. 드디어 이 책의 마지막 글을 쓰려니 눈물이 왈칵 쏟아
질 것 같다. 돌이켜보면 나는 결코 혼자가 아니었다. 보이지 않게 늘 나
를 응원하고 함께해준 분들이 있었기에 이 책이 탄생할 수 있었다.

가장 먼저 이 책이 탄생할 수 있도록 자신의 스토리를 기꺼이 들려주
며 도움을 준 책 속 주인공 34명의 친구들에게 진심으로 감사의 마음

을 전한다. 또한 이 책이 더 빛날 수 있도록 흔쾌히 추천사를 허락해주신 유영만 교수님, 이광호 이사장님, 유명규 관장님, 원은정 대표님, 권영애 작가님께 진심으로 감사드린다.

나는 참 인복도 많다. 내 주변에는 늘 아낌없이 나를 지지해주고 응원해주는 분들이 많다. 한 분 한 분 일일이 다 나열할 수는 없지만 내게 보내준 그 따뜻한 응원과 격려의 말 한마디가 나에게는 더없이 큰 힘이 되었다. 그 따뜻한 마음에 보답하는 마음으로 더 열심히 살아가리라 다짐하며 다시 한 번 진심으로 감사의 마음을 전한다. 그리고 첫 책에 이어 두 번째, 세 번째 책까지 변함없이 나를 믿고 함께하고 있는 보랏빛소 출판사의 김철원 대표님과 김이슬 에디터님께도 감사드리고 싶다.

무엇보다 늘 내 든든한 지원군이자 큰 버팀목이 되어주는 사랑하는 부모님과 나의 신랑에게 감사의 마음 전하며, 이 모든 것을 가능하도록 내게 초인적인 힘을 발휘하게 만들어주는 나의 사랑스러운 두 딸 채윤이와 채원이에게 이 책을 바친다.

마지막으로 이 책을 쓰기위해 고군분투하며 포기하지 않고 끝까지 해낸 내 자신에게 박수를 보낸다. 고백하건대, 이 책을 집필하면서 이제야 진짜 내가 된 기분이다. 언제부터인가 나도 모르게 주변을 의식하며 '일 잘하는 청소년지도사' '좋은 엄마이자 아내' '자랑스러운 딸' '존경할 만한 선생님' 등 누군가의 기대에 부응하기 위한 무언가가 되고자 본질을 잊고 치열하게 살아가고 있었던 것은 아닐까. 그 모든 것의 바탕은 결국 '나'로부터 시작됨을 잊고 살았던 것이다. 내 존재 자체만으로도 나의 삶은 빛나고 당당할 수 있다는 것을 서른일곱이 되어서야 비로소 깨달았다. 타인의 시선에서 좀 더 자유롭게 벗어나, 내 삶의 참된 주인으로서 내가 진정으로 원하는 삶을 꿈꾸며 나답게 살아가고 싶다. 그로 인해 누군가의 삶에도 긍정적인 영향을 줄 수 있다면 더할 나위 없이 행복할 것 같다.

얼마 전, 세계적인 케이팝그룹 방탄소년단(BTS)의 리더 김남준 군이 유엔 총회에서 한 연설이 참 공감되고 인상 깊었다. 누군가가 만들어 놓은 틀에 자신을 끼워 맞추며, 정작 자신의 목소리와 이름을 잃어버리고 살아가는 사람들에게 그는 말했다.

"당신의 이름은 무엇입니까? 당신의 이야기를 들려주세요."

비록 어제 실수를 했다 해도 그것은 여전히 나이고, 오늘은 어딘가 조금 부족하더라도 그 또한 그대로 나다. 있는 그대로의 나 자신을 인정하고 모든 순간의 나를 지킬 때 비로소 내 인생의 진정한 주인공으로 살아갈 수 있다.

지금 이 순간에도 어딘가에서 내 인생의 주인공으로 살아가기 위해 스스로를 다독이며 잘 버텨내고 있는 그대에게 뜨거운 응원의 박수를 보낸다. 토닥토닥! 수고했어, 오늘도!